Religion und Globalisierung

Reihenherausgeber:
Gudrun Biffl, Thomas Pfeffer

Ernst Fürlinger

(Hrsg.)

Die Freiheit der Religion

Ein klassisches Menschenrecht
in der Kontroverse

2., korrigierte Auflage

EDITION
DONAU-UNIVERSITÄT
KREMS

Bibliographische Information der Deutschen Nationalbibliothek: Die Deutsche Nationalbibliothek verzeichnet diese Publikation in der Deutschen Nationalbibliografie; detaillierte bibliografische Daten sind im Internet über http://dnb.d-nb.de abrufbar.

2., korrigierte Auflage

Die in der Publikation geäußerten Ansichten liegen in der Verantwortung der Autor/inn/en und geben nicht notwendigerweise die Meinung der Donau-Universität Krems wieder.

Verlag: Edition Donau-Universität Krems
Herstellung: tredition GmbH, Hamburg
ISBN Taschenbuch: 978-3-903150-16-4
ISBN e-Book: 978-3-903150-17-1

Kontakt:
Department für Migration und Globalisierung
Donau-Universität Krems
www.donau-uni.ac.at/mig
migration@donau-uni.ac.at

Lektorat und Korrektorat: Ernst Fürlinger
Satz: Thomas Pfeffer
Umschlaggestaltung: Michael Zehndorfer

Zitiervorschlag: Ernst Fürlinger (Hg.) (2017) Die Freiheit der Religion. Ein klassisches Menschenrecht in der Kontroverse. Dokumentation der Fachtagung am Zentrum Religion und Globalisierung. 2., korrigierte Auflage, Reihe Religion und Globalisierung, Krems (Edition Donau-Universität Krems).

Inhaltsverzeichnis

4. RESÜMEE

Vorwort

Der vorliegende Band dokumentiert Beiträge der Fachtagung „Die Freiheit der Religion. Ein klassisches Menschenrecht in der Kontroverse", die von 5. bis 6. Mai 2011 an der Donau-Universität Krems (Österreich) durchgeführt wurde. Die Tagung wurde vom Zentrum Religion und Globalisierung, Department Migration und Globalisierung veranstaltet und vom Bundesministerium für Wissenschaft und Forschung gefördert. Sie bildete die Auftaktveranstaltung des neuen Zentrums Religion und Globalisierung, dessen Einrichtung durch Mittel und auf Wunsch des Amtes der Niederösterreichischen Landesregierung ermöglicht wurde.

Fragen des Auftritts von Religion im öffentlichen Raum und der Religionsfreiheit führen seit Jahren zu kontroversen Debatten, vor allem rund um die Muslime in Westeuropa. Sowohl jene, die das Grundrecht der Religionsfreiheit verteidigen, als auch jene, die dieses Recht im Fall des Islam in Europa einschränken wollen, berufen sich auf das Erbe der Aufklärung, das Prinzip der Freiheit und die liberale Ordnung des modernen säkularen Staates.

Die Fachtagung versuchte deshalb eine Klärung einiger wesentlicher Fragen: Was umfasst das moderne Menschenrecht der Religionsfreiheit, im Unterschied zum Prinzip der Toleranz? Wo genau liegen die Grenzen der Religionsfreiheit, wenn der säkulare Verfassungsstaat seine Normen und Prinzipien gegenüber den Religionsgemeinschaften vertritt? Nach welchen Kriterien sind diese Grenzen zu ziehen? Wo liegt die Grenzlinie zwischen einer Verteidigung der liberalen Demokratie und der europäischen Rechtskultur mit liberalen Mitteln und einem Kulturkampf, der in Illiberalismus führt und selbst die gesellschaftliche Freiheit bedroht?

Das Spezifische der Tagung bestand in der Verbindung verschiedener wissenschaftlicher Disziplinen sowie in der Sichtung aktueller Konfliktfelder rund um muslimische Symbole (Kopftuch Burka, Minarett, Moschee) und christliche Symbole (Kruzifix) im öffentlichen Raum in verschiedenen westeuropäischen Ländern. Die Referierenden repräsentieren durchaus unterschiedliche Stimmen und Akzentsetzungen in dieser Auseinandersetzung und spiegeln damit die Vielfalt der Debatte und die unterschiedlichen Schlüsse, die aus dem gleichen Prinzip der Freiheit in der modernen Republik in Sachen Religionsfreiheit gezogen werden.

In der Dokumentation fehlt das Referat von Dr. Seyda Emek, damals Richterin am deutschen Bundesverfassungsgericht und mittlerweile in den USA tätig. Sie sprach auf der Tagung zum Thema „Religionsfreiheit und Europäische Menschenrechtskonvention. Was sind die Kriterien für die Grenzen der Religionsfreiheit?". Ebenso ist der Beitrag von Prof. Dr. Bernd-Christian Funk, damals Professor am Institut für Staats- und Verwaltungsrecht an der Universität Wien und mittlerweile emeritiert, nicht enthalten. Thema seines Vortrags war „Religionsfreiheit – Eingriffsverbot und Gewährleistungsanspruch".

Bei der Herausgabe des Tagungsbandes wurde entschieden, ihn durch den Beitrag von Prof. Helmut Reinalter zu ergänzen, der damals seine Teilnahme an der

Tagung absagen musste, dessen Vortrag aber bereits schriftlich vorlag. Ebenso wurde ein neuer Beitrag des Herausgebers dazu genommen, der anhand des exemplarischen Konfliktfelds Moscheebau in Österreich die Verschränkung globaler, nationaler und lokaler Konfliktfaktoren darstellt, die in den sozialen Aushandlungsprozessen rund um die Ausübung der Religionsfreiheit wirksam werden und ihre Komplexität ausmacht.

Seit der Fachtagung im Mai 2011 scheinen sich die in den Beiträgen angesprochenen Problemfelder weiter zugespitzt zu haben, vor allem im Kontext einer seither (auch aufgrund des djihadistischen Terrors) weiter intensivierten Debatte und verhärteten gesellschaftlichen Polarisierung rund um die Inklusion der muslimischen Bevölkerungsgruppe in Europa. Die Aktualität des Themas wird auch durch jüngste Urteile des Europäischen Gerichtshofs (EuGH) bestätigt, die sich mit dem Tragen religiöser Symbole im Beruf auseinandersetzen und die Gleichbehandlungsrichtline der EU in ihrer Neutralität gegenüber unterschiedlichen Religionen bekräftigen.[1] Die Redaktion des Bandes erfolgte im Dezember 2016, sodass diese Urteile des EuGH in den Beiträgen leider nicht mehr berücksichtigt werden konnten.

Mit dem Sammelband möchten wir zu einer differenzierten Diskussion von Fragen der Religionsfreiheit und der Grenzen der Toleranz in der liberalen konstitutionellen Demokratie beitragen. Es geht um eine „Kultur des genauen Hinsehens" (Werner Schiffauer), eines kühlen sachlichen Abwägens und der Differenzierung auf Basis einer klaren normativen Orientierung, die die europäischen Verfassungen und die europäische Menschenrechtskonvention vorgeben. Eine solche Kultur zu fördern und zu pflegen erweist sich als unerlässlich, um als Gesellschaft gegenüber Radikalisierungen und einem Auseinanderdriften von gesellschaftlichen Gruppen widerstandsfähig zu sein.

Ich danke zum Schluss allen, die an der Fachtagung und ihrer nun endlich erscheinenden Dokumentation mitgewirkt haben, nicht zuletzt den engagierten Herausgebern der neuen Buchreihe „Religion und Globalisierung".

Ernst Fürlinger
Krems, März 2017

---

[1] Zwei Urteile des Europäischen Gerichtshofs auf Basis der Richtlinie 2000/78/EG zur Gleichbehandlung in Beschäftigung und Beruf bestätigen, dass Unternehmen ihren MitarbeiterInnen das Tragen religiöser Zeichen nur dann untersagen dürfen, wenn diesbezügliche unternehmensinternen Regeln neutral auf unterschiedliche Religionen angewandt werden, nicht aber, um den Wünschen von Kunden zu entsprechen. Vgl. dazu die Pressemitteilung Nr. 30/17 des Europäischen Gerichtshofs vom 14. März 2017:
http://curia.europa.eu/jcms/upload/docs/application/pdf/2017-03/cp170030de.pdf

1. Systematische Aspekte

Scharia-Gerichte in westlichen Demokratien. Eine Betrachtung aus Sicht der Politischen Philosophie[*]

Manfred Brocker

Einführung

Mit der Begründung, das Recht – insbesondere das Ehe-, Familien- und Erbrecht, aber auch das Strafrecht – westlicher Staaten werde islamischen Glaubensvorstellungen nicht gerecht, ja weise einen christlichen „bias" auf, fordern strenggläubige muslimische Migranten seit einigen Jahren die Einführung von Scharia-Gerichten. Durch sie sollen Rechtsstreitigkeiten zwischen Muslimen, gegebenenfalls auch zwischen Muslimen und Nicht-Muslimen, entschieden werden. In einigen westlichen Ländern wurde und wird über die Einführung solcher Scharia-Gerichte intensiv diskutiert (so zum Beispiel in Kanada), andere haben sie bereits institutionalisiert (zum Beispiel Griechenland). In Großbritannien begünstigen bewusst in Kauf genommene Lücken im „Arbitration Act" von 1996 die Entstehung solcher Scharia-Tribunale, die seither bei Rechtskonflikten innerhalb der muslimischen *community* Urteile fällen und für die Beteiligten verbindliche Entscheidungen treffen.

Wie sind solche Scharia-Gerichte in westlichen Demokratien zu bewerten? Kann man sie auch für Deutschland oder Österreich empfehlen – weil sie den Rechtsfrieden wahren, kulturelle Konflikte in zunehmend religiös-pluralistischen Gesellschaften vermeiden und Religionsfreiheit sowie *„korporative Gerechtigkeit"* (Benhabib 1999, S. 35) durchzusetzen helfen – oder weil so zumindest die ohnehin existenten, bislang aber klandestin tagenden und daher völlig unkontrollierten Scharia-Gerichte ans Licht der Öffentlichkeit geholt würden?[1] Oder sprechen politische, verfassungsrechtliche und politikphilosophische Gründe gegen deren Einführung bzw. Legalisierung, weil dadurch parallelgesellschaftliche Strukturen gefördert, soziale Konflikte verschärft, Integration behindert, Frauen diskriminiert und die weltanschauliche Neutralität des Rechtsstaats (vgl. Sajó

---

[*] Der hier publizierte Aufsatz erschien zuerst 2012 in der Zeitschrift für Politik, 59/3, S. 314-331. Der Wiederabdruck erfolgt mit freundlicher Genehmigung des Nomos-Verlags.

[1] So hat sich der rheinland-pfälzische Justizminister Jochen Hartloff (SPD) für islamische Schiedsgerichte in Deutschland ausgesprochen. Auch der Sport und die Kirchen hätten, so Hartloff, eine eigene Rechtsprechung, die dem inneren Frieden diene; vgl. Wirbel um Minister-Aussagen zu islamischen Schiedsgerichten. In: Frankfurter Allgemeine Zeitung, 3. Februar 2012 (http://www.faz.net/aktuell/rhein-main/islamisches-recht-wirbel-um-minister-aussag en-zu -islamischen-schiedsgerichten-11637004.html; Zugriff am 7.4.2012).

2008; Stopler 2009) in Zweifel gezogen würden?[2] Im Folgenden wird dieser Problemkomplex aus der Perspektive der Politischen Philosophie näher betrachtet und analysiert.

„Scharia" und Scharia-Gerichte

Bei der „Scharia" (wörtlich: „der gebahnte Weg") handelt es sich um die *„Gesamtheit aller religiösen und rechtlichen Normen, Mechanismen zur Normfindung und Interpretationsvorschriften des Islam"* (Rohe 2009b, S. 9). Sie werden aus dem Koran sowie der „Sunna", den in den Hadithen gesammelten „Worten und Taten des Propheten" mit normativem Charakter, als obersten Quellen abgeleitet. Daneben tritt eine sekundäre Rechtsfindung durch Auslegung und Schlussfolgerung in den klassischen Schriften der verschiedenen Rechtsschulen. Es herrscht jedoch weder zwischen diesen Rechtsschulen noch (innerhalb und) zwischen den Schiiten, Sunniten, Aleviten und anderen Strömungen des Islam Einigkeit über die genauen Inhalte der Scharia. Eine gewisse Konvergenz findet sich bei einzelnen Bestimmungen im Bereich des Ehe- und Familienrechts,[3] des Erbrechts,[4] des Strafrechts,[5] des Vertrags-, Gesellschafts-, und Verfahrensrechts[6] (vgl. Rohe 2001, S. 45-66).

Islamisches Scharia-Recht galt bis in das 19. Jahrhundert in weiten Teilen der islamischen Welt. Der Kolonialismus im 19. und frühen 20. Jahrhundert sowie die Staatsgründungen nach dem Zerfall des osmanischen Reiches und in der Zeit der Dekolonialisierung führten jedoch zu Reformen und meist zur (partiellen oder

---

[2] Führende Vertreter der CDU/CSU wenden sich daher gegen eine „islamische Paralleljustiz" und Scharia-Gerichte: *„Wenn wir in Deutschland religiöse Schiedsgerichte zulassen, verlieren wir unseren Straf- und Rechtssetzungsanspruch und damit unsere Staatlichkeit"*, so der CDU-Fraktionschef im hessischen Landtag, Christean Wagner; vgl.: Wirbel um Minister-Aussage zu islamischen Schiedsgerichten. In: Frankfurter Allgemeine Zeitung, 3. Februar 2012. Rechtsprechung, die sich am islamischen Kulturkreis orientiere, sei, so der CDU Rechtspolitiker Patrick Sensburg (MdB), nicht hinnehmbar; vgl.: Union will sich mit Scharia beschäftigen. In: Kölner StadtAnzeiger, 7. April 2012.

[3] So erlaubt die Scharia nach herrschender Meinung dem Mann, nicht der Frau, die Polygamie: Dieser kann unter bestimmten Bedingungen bis zu vier Frauen gleichzeitig heiraten. Er hat zudem das einseitige Recht, die Ehe durch Verstoßung aufzulösen; der Mann erhält in diesem Fall das Sorgerecht für alle Kinder ab einem bestimmten, meist dem siebten Lebensjahr, unabhängig von den Umständen einer Scheidung oder Trennung.

[4] So erhalten Söhne doppelt so große Erbanteile wie Töchter.

[5] Diebstahl, schwerer Straßenraub, Alkoholgenuss sowie illegale Geschlechtsbeziehungen und die fälschliche Beschuldigung derselben werden nach der Scharia mit schweren Körperstrafen belegt; die Apostasie ist mit der Todesstrafe bedroht. Dies sind die sogenannten „hudud"-Strafen.

[6] So normiert die Scharia etwa (nach herrschender Meinung) ein Zinsverbot sowie ein Verbot von Spekulationsgeschäften und legt fest, dass in Rechtskonflikten bzw. vor Gericht erst die Aussagen von *zwei* Frauen der *eines* Mannes entsprechen.

vollständigen) Ersetzung der Scharia: Die Türkei etwa übernahm 1926 weitgehend das Schweizerische Zivilgesetzbuch.

Seit Mitte der 1970er Jahre lässt sich allerdings erneut eine gewisse Trendumkehr erkennen: Die Bedeutung der Scharia nimmt in vielen islamischen Ländern wieder zu. Dies hat neben *religiös-kulturellen* nicht selten *politische* Gründe: Autokratische Machthaber führen die Scharia (einschließlich der strengen „hudud"-Strafen) wieder ein, um sich als besonders religionstreu zu erweisen, weil die Legitimität ihrer Herrschaft auf schwachen Fundamenten ruht.[7]

Scharia in westlichen Demokratien

Manche (strenggläubige) Muslime außerhalb der islamischen Welt betrachten das Einhalten der Vorschriften der Scharia (der religiösen sowohl als der rechtlichen) als Teil ihrer *Identität.* Sie fordern zumeist zwar nicht die Vollstreckung der strengen „hudud"-Strafen von den nicht-islamischen Staaten, zumindest aber die Möglichkeit, dort nach den *zivil*rechtlichen Regeln der Scharia zu leben.

Großbritannien macht dies seit einigen Jahren möglich. Der „Arbitration Act" von 1996[8] erlaubt religiöse Schiedsgerichte und somit auch „Scharia-Tribunale", die im Zuge einer im Gesetz vorgesehenen „alternative dispute resolution" verbindliche Entscheidungen auf der Grundlage islamrechtlicher Vorschriften treffen dürfen (Schlabach 2009, S. 9).

Schon seit den frühen 1980er Jahren existierten in Großbritannien zahlreiche „Scharia-Gerichte" in Form von *Sharia-Councils*, die ohne gesetzliche Grundlage als Schlichtungsinstanzen innerhalb der muslimischen *community* operierten. Ihre Urteile besaßen keinerlei Rechtskraft und Allgemeinverbindlichkeit nach außen, entfalteten aber durchaus Wirkung innerhalb der *community*. In mehr als 90% der Fälle sollen Scheidungen von Ehen, die nach islamischem Recht geschlossen worden waren, Gegenstand der Entscheidung gewesen sein, einschließlich der damit verbundenen Unterhalts- und Sorgerechtsfragen.[9]

Nach der Verabschiedung des „Arbitration Act" wurden „offizielle" Scharia-Gerichte gegründet, die sogenannten *Muslim Arbitration Tribunals*, die im Rahmen der britischen Rechtsordnung (und damit theoretisch unter staatlicher Kon-

---

[7] Vgl. http://en.wikipedia.org/wiki/File:Countries_with_Sharia_rule.png (Zugriff am 12.3.2011).

[8] Vgl. http://www.legislation.gov.uk/ukpga/1996/23/contents (Zugriff am 13.10.2011).

[9] In the name of the law. The popular perception of sharia law is one of brutal punishments carried out by hardline states. But, as Dan Bell discovers, the backstreets of Britain are full of Islamic courts ruling on everything from banking and alcopops to forced marriage and divorce. In: The Guardian, 14. Juni 2007 (http://www.guardian.co.uk/world/2007/jun/14/relig ion.news; Zugriff am 23.3.2011). Jasmin Fischer: Ein Staat, zwei Rechtssysteme. In Großbritannien regeln Muslim-Räte zivile Streitfälle – und sind bei Ehescheidungen unverzichtbar. In: Stuttgarter Nachrichten, 12. Dezember 2009 (http://www.stuttgarter-nachrichten.de/inhalt. britische-moslems-uneins-die-scharia-ein-segen.bb9410db-bdb6-4851-84ea-c81 ba838e3a3.html; Zugriff am 7.1.2012).

trolle) in einigen zivilrechtlichen Materien – etwa bei Erbangelegenheiten und Vertragsstreitigkeiten – auf der Grundlage der Scharia Entscheidungen treffen dürfen. Ihre Zahl ist deutlich geringer als die der noch immer bestehenden inoffiziellen *Sharia-Councils*[10] (die einen deutlich religiöseren Charakter haben und gelegentlich auch in Strafsachen wie Körperverletzung und Fällen häuslicher Gewalt aktiv geworden sein sollen,[11] was Schiedsgerichten in Großbritannien grundsätzlich untersagt ist). Wer sich einmal freiwillig dem Verfahren vor einem *Arbitration Tribunal* unterworfen hat, muss dem gefällten Urteil Folge leisten, auch wenn es seinen Interessen zuwiderläuft – solange jedenfalls, als das Urteil britischen Gesetzen nicht widerspricht. Allerdings ist diese Einschränkung bei den muslimischen *Tribunals* oft rein theoretischer Natur: Oftmals werden Frauen in solchen Verfahren benachteiligt, deren Anliegen von der staatlichen Justiz (auf der Grundlage *staatlichen* Rechts) anders behandelt worden wären als von einem Scharia-Gericht. Dies gilt zwar sehr viel stärker für die „Verfahren" vor *Sharia Councils*, den staatlich nicht anerkannten Scharia-Räten, als für die *Muslim Arbitration Tribunals*, deren Urteile nach dem „Arbitration Act" bei einem ordentlichen Zivilgericht hinterlegt werden müssen, um volle Rechtskraft zu erlangen (was aber keineswegs immer geschieht). Doch nicht selten wären auch in diesen Fällen insbesondere für weibliche Prozessbeteiligte von einem staatlichen Gericht günstigere Entscheidungen zu erwarten gewesen (One Law for All, 2010; vgl. Rohe 2010, S. 30f.).

Nicht zuletzt aus diesem Grund führte in Kanada die Debatte um Scharia-Gerichte schließlich zu einer Ablehnung ihrer offiziellen Anerkennung. Die öffentliche Diskussion entzündete sich 2003 an der Ankündigung der „Canadian Society of Muslims", im Rahmen eines „Islamic Institute of Civil Justice" Scharia-Gerichte in der Provinz Ontario einrichten zu wollen. Die geplanten Gerichte sollten auf der Grundlage des dortigen „Arbitration Act"[12], der die Tätigkeit nichtstaatlicher Vermittlungs- und Schlichtungsinstanzen ermöglichte, in Familien- und Erbrechtsangelegenheiten Entscheidungen fällen. In der kanadischen Öffentlichkeit und vor allem bei muslimischen Frauenrechtsgruppen wie dem „Canadian Council of Muslim Women" (CCMW) kam es daraufhin zu heftigen Reaktionen (Rohe 2008c, S. 476). Die massive Kritik veranlasste die Regierung von Ontario, die ehemalige Justizministerin der Provinz, Marion Boyd, zu beauftragen, *„to conduct a review of the use of arbitration in family and inheritances cases and to*

---

[10] Schätzungen zufolge stehen fünf Muslim Arbitration Tribunals mehr als 85 Sharia Councils gegenüber. One Law for All (2010), S. 9.

[11] A brutal beating and justice meted out in a humble backstreet cafe: how sharia law already operates in Britain. In: Daily Mail, 10. Februar 2008 (http://www.dailymail.co.uk/news/article-513218/A-brutal-beating-justice-meted-humble-street-cafe-sharia-law-operates-Britain.html; Zugriff am 22.3.2011). Dipesh Gadher/Abul Taher/Christopher Morgan, An Unholy Mix of Law and Religion. In: The Sunday Times, 10. Februar 2008. Vgl. One Law for All (2010), S. 6.

[12] http://www.e-laws.gov.on.ca/html/statutes/english/elaws_statutes_91a17_e.htm (Zugriff am 29.12.2011).

examine the impact that the use of arbitration has on vulnerable people, including women, persons with disabilities and elderly persons" (Boyd 2004 a, S. 1).

Trotz der in ihren Anhörungen deutlich gewordenen Probleme und Einwände plädierte Boyd neben einer Reihe von Änderungen für eine grundsätzliche Beibehaltung des „Arbitration Act" und für die vom Gesetz geschaffene Möglichkeit religiöser Schiedsgerichte (weil solch vermittelnde Instanzen die staatliche Justiz entlasteten, Konflikte friedlich beizulegen erlaubten und den religiösen Bedürfnissen von Bürgern entgegen kämen). Daraufhin verschärfte sich noch einmal der Widerstand: Kritiker befürchteten durch die Etablierung von Scharia-Gerichten in Ontario massive Grundrechtsverletzungen (Bakht 2005). Im Jahr 2006 verabschiedete das Parlament der Provinz schließlich als Reaktion auf die Proteste eine Gesetzesänderung, wonach alle schiedsgerichtlichen Entscheidungen in Familienrechtsfragen ausschließlich auf der Grundlage der Gesetze Kanadas und Ontarios zulässig seien[13] – womit religiösen Schiedsgerichten weitgehend der Boden entzogen wurde. Bereits zuvor hatte das Parlament von Québec eine ähnliche Entscheidung getroffen und die Zulässigkeit einer Scharia-Rechtsprechung in Familienrechtsfragen abgelehnt.[14]

Auch in anderen Ländern der westlichen Welt wird die Einführung von „Scharia-Gerichten" inzwischen diskutiert, wie die folgende auf der Auswertung von Zeitungsarchiven und *online* verfügbaren Informationsquellen basierende Übersicht (siehe Tabelle 1) zeigt.

---

[13] An Act to amend the Arbitration Act, 1991, the Child and Family Services Act and the Family Law Act in connection with family arbitration and related matters, and to amend the Children's Law Reform Act in connection with the matters to be considered by the court in dealing with applications for custody and access (http://www.e-laws.gov.on.ca/html/source/statutes/english/2006/elaws_src_s06001_e.htm; Zugriff am 30.12.2011); vgl. Pal (2006), S. 16; Rohe (2008c), S. 503f.

[14] Quebec rejects introduction of Sharia law into legal system in the province. In: Worldwide Religious News, 26. Mai 2005 (http://wwrn.org/articles/17008/?&place=canada&section=legislation; Zugriff am 30.12.2011); vgl. Pal (2006), S. 3, 17; Rohe (2008c), S. 499.

Land	Gesetzliche Grundlage	Gesellschaftliche Debtte	„Gerichte"*
Australien	Nein	Ja	-
Belgien	Nein	Ja	-
Dänemark	Nein	Ja	C (z. T. durch „Sharia Councils" in Großbritannien)
Deutschland	Nein	Ja	C
Frankreich	Nein	Ja	C
Griechenland	Ja. Der Vertrag von Sèvres bzw. Lausanne (1923) gewährt Muslimen kulturelle und i. T. rechtliche Autonomie	Nein	A
Großbritannien	Ja. Der „Arbitration Act" von 1996 ermöglicht Scharia-Tribunale	Ja	B, C („Offizielle" Schiedsgerichte und „inoffizielle" Sharia Councils)
Irland	Nein	Ja	C (z. T. durch „Sharia Councils" in Großbritannien)
Israel	Ja	Nein	A
Italien	Nein	Ja	C (Norditalien)
Kanada	Nein	Ja	B bis 2005 in Ontario, C
Niederlande	Nein	Ja	C
Norwegen	Nein	Ja	-
Österreich	Nein	Ja	-
Schweden	Nein	Ja	C
Schweiz	Nein	Ja	-
Spanien	Nein	Ja	C
USA	Ja. Islamische Schiedsgerichte sind auf der Grundlage des „Federal Arbitration Act" von 1925 und einzelstaatlicher Gesetze möglich	Ja	B, C

* Legende zur Spalte „Gerichte":
   A: staatlich anerkannte Gerichte
   B: staatlich legitimierte Schlichtungsinstanzen/Schiedsgerichte (in Bereichen des Zivilrechts)
   C: Hinweise auf den staatlich nicht anerkannten Einsatz der Scharia bei außergerichtlichen Vermittlungen und Verurteilungen (in Zivil- und Strafsachen) durch selbst ernannte „Friedensrichter" bzw. geistliche Autoritäten
   - : keine eindeutigen Hinweise gefunden

Tabelle 1: „Scharia-Gerichte" in der westlichen Welt (Europa und Nordamerika) (Auswahl)

Quelle: Eigene Erhebung; Zeitungsarchiv der Datenbank LexisNexis; online Recherche

Bereits existierende Gerichte arbeiten zum Teil legal – so in Griechenland und Israel (A), in Großbritannien (B) –, zum überwiegenden Teil jedoch klandestin (C).

Wie ist nun die Existenz solcher Scharia-Gerichte aus der Perspektive der politischen Philosophie grundsätzlich zu bewerten? Oder genauer: die Existenz einer parallel zum staatlichen Recht wirksamen *religiösen* Partikularrechtsordnung mit eigener Gerichtsbarkeit? Nehmen wir zur Beantwortung dieser Frage zunächst die Position des „Liberalismus" ein.

Scharia-Gerichte aus der Sicht des Liberalismus

Nach dessen Auffassung beruht die *ratio* des Staates in seiner Fähigkeit zur inner-gesellschaftlichen Streitschlichtung und Unrechtssanktionierung auf der Grundla-ge *allgemein* gültiger Verfahrensregeln und Gesetze. Ziel ist die Sicherung der Rechte des Einzelnen, das Mittel die Monopolisierung der Zwangsgewalt in einem Territorium.

Nach John Locke und Robert Nozick, die wie andere Liberale beide gleicher-maßen die Bedeutung einer einheitlichen, objektiven und weltanschaulich-neutralen *Gerichtsbarkeit* für den Schutz der individuellen Freiheitsrechte beto-nen, ist die Rechtsunsicherheit eines nicht-staatlichen oder vor-staatlichen Zustan-des, den sie „Naturzustand" nennen, gerade durch das *Fehlen* einer solchen Ge-richtsbarkeit begründet. In ihm konkurrieren Rechtsansprüche und Rechtsverlet-zungsbehauptungen, ohne dass sie autoritativ zum Ausgleich gebracht werden könnten (Locke 1977; Nozick 2006).

Jeder Mensch, so argumentieren sie, besitzt „von Natur" aus gleichermaßen materiale und instrumentale Rechte: Freiheit und Eigentum einerseits, eine juridi-sche Sanktionsgewalt zur Bestrafung von Unrecht und zur Durchsetzung von Schadenersatzansprüchen andererseits. Die Bestimmung der Reichweite ersterer und die Regeln zur Ausübung letzterer legt im Naturzustand aber jeder für sich selbst fest (wenn auch nach *„bestem Wissen und Gewissen"*; Locke 1977, II, § 171).

Kommt es im Naturzustand zu tatsächlichen oder vermeintlichen Rechtsverlet-zungen, so muss jeder sein Recht (oder das, was er dafür hält), selbst in die Hand nehmen. Dabei ist nicht auszuschließen, dass Betroffene ihre juridische Sankti-onsgewalt „voreingenommen" und „selbst-interessiert" ausüben, sind sie doch Kläger und Richter in einer Person. Diese Konkurrenz von Rechtsinterpretationen, Urteilen oder besser: Rechtsanwendungsmeinungen und Vollstreckungshandlun-gen verschärft die Situation ungesicherten Rechts im Naturzustand weiter und wird selbst zu einer beträchtlichen Konfliktquelle – neben der Güterknappheit aufgrund mangelhafter Arbeitsteilung und der kriminellen Energie einiger.

Die *Lösung* des Problems liegt in der Errichtung einer einheitlichen, unpartei-ischen und weltanschaulich-neutralen schiedsrichterlichen Instanz. Um *sie* zu schaffen, müssen die Individuen ihre instrumentalen Rechte auf diese Instanz, den Staat, übertragen. Dies kann nur freiwillig geschehen. Und es wird nur freiwillig geschehen, wenn dadurch eine Verbesserung gegenüber dem Naturzustand mit seinen konkurrierenden Jurisdiktionen zu erwarten ist.

„Im Naturzustand [fehlt es] *an einem anerkannten und unparteiischen Richter, mit Autorität, alle Streitfälle* [...] *zu entscheiden. Da jeder in diesem Zustand sowohl Richter als auch Vollstrecker des Naturgesetzes ist, die Menschen aber sich selbst gegenüber parteiisch sind, ist es leicht möglich, dass Leidenschaft und Rachsucht sie* [...] *zu weit* [...] *mit sich fortreißen". „Dort und nur dort allein* [gibt es eine] *politische Gesellschaft, wo jedes einzelne Mitglied seiner*

natürlichen Macht entsagt [...]. Auf diese Weise wird das Strafgericht der ein-
zelnen Mitglieder beseitigt, und die Gemeinschaft wird nach festen, beständi-
gen Regeln zum unparteiischen Schiedsrichter für alle" (Locke 1977, II, §§
125, 87).

Das Fortbestehen individueller oder kollektiver Privatjustiz ist mit der *ratio* des
Staates also unvereinbar. Es ist schlicht nicht zustimmungsfähig. Wenn daher eine
Gruppe, hier „strenggläubige Muslime", an ihrem Recht auf kollektive Privatjustiz
– wenn auch nur in einigen Rechts-Materien – festhalten wollte, bevor sie ihre Zu-
stimmung zur Staatsgründung bzw. zur Annahme der Staatsbürgerschaft zu geben
bereit wäre, könnte sie dem Herrschaftsverband nicht beitreten. Denn es würde –
in Lockescher Terminologie – eine Rückkehr in den Naturzustand bedeuten, der
aufgrund der potentiell konkurrierenden Rechtsinterpretationen ein latenter
Kriegszustand ist. Nur wenn der Staat das *Monopol* der Rechtsprechungsgewalt
hat, lässt sich Rechtssicherheit schaffen und lassen sich die materialen Rechte *al-*
ler Bürger wirkungsvoll schützen. Es kann folglich im Staat nur *eine* Gerichtsbarkeit geben.

Die Gesetze, die den Urteilen dieser Gerichtsbarkeit zugrunde liegen, müssen
dabei, kantianisch gesprochen, allgemein zustimmungsfähig sein. *„Freiheit"*, so
Kant, *„ist die Befugnis, keinen äußeren Gesetzen zu gehorchen, als zu denen ich*
meine Beistimmung habe geben können" (Kant 1975b, S. 204). Darin liegt der
„Probierstein der Rechtmäßigkeit eines jeden öffentlichen Gesetzes" (Kant 1975c,
S. 153).[15]

Das ist nicht empirisch gemeint. Nicht die faktische Einstimmigkeit bei der
Verabschiedung eines Gesetzes ist der „Probierstein", sondern die grundsätzliche
Universalisierbarkeit seiner Handlungsnormen. Nicht zustimmungs*fähig* sind
demnach alle Einzelfall- und Maßnahmegesetze, rückwirkende Gesetze, Gesetze,
die Privilegien schaffen (Adelsprivileg), die Teile des Volkes einseitig belasten,
aber auch solche, die nach Glaube, Rasse oder Geschlecht diskriminieren (Höffe
2004, S. 230) und damit Freiheiten (etwa für Frauen oder Ungläubige) ungleich
verteilen (Kersting 2004, S. 118). Gesetze müssen *allgemein* gelten und die Mo-
mente der Freiheit, Gleichheit und Wechselseitigkeit (Kersting 1994, S. 202) er-
füllen.

Entsprechen sie diesem Kriterium nicht, sind sie für den Liberalismus illegitim
und daher zu ändern. So hat sich seit den späten 1950er Jahren ein „Neuer Liberalismus" in der westeuropäischen und amerikanischen Rechtswissenschaft – ge-
meinsam mit den „neuen sozialen Bewegungen" – dafür eingesetzt, dass alle ausschließlich *religiös* begründbaren Normen aus dem Recht entfernt werden:
„Theological speculations and controversies should have no place in the formati-
on of rules of law, least of all rules of the criminal law which are imposed upon
believers and non-believers alike" (G. Williams 1972, S. 229; vgl. Brocker 2004).

---

[15] *„Was das gesamte Volk nicht über sich selbst beschließen kann, das kann auch der Gesetz-*
geber nicht über das Volk beschließen" (Kant 1975a, S. 448).

Dies betraf nach ihrer Auffassung sowohl Straftatbestände (wie Ehebruch, Homosexualität, Abtreibung, die Verbreitung von Pornographie etc.) als auch die Benachteiligung von Frauen im Zivilrecht (etwa im Ehe-, Familien- und Scheidungsrecht sowie im Vertragsrecht). Weil sich die bestehenden Regelungen allein christlichen Moral- und Ordnungsvorstellungen verdankten, seien sie für Nicht-Christen sowie Nicht-Gläubige nicht-anerkennungsfähig. Tatsächlich kam es in den USA daraufhin, wie in Deutschland, in den 1960er und 1970er Jahren zu weitreichenden Reformen des Zivilrechts, die erst die volle Geschäftsfähigkeit der Frau und ihre Gleichstellung im Ehe- und Scheidungsrecht bewirkten, aber auch zu Reformen des Strafrechts (das Alkoholverbot war in den USA allerdings schon 1933 aufgehoben worden) – Reformen, die strenggläubige Muslime heute bedauern, denn manche der ursprünglichen Rechtsnormen entsprechen auch ihren religiös begründeten Vorstellungen.

Die Kritiker der Einführung von Scharia-Gerichten in westlichen Demokratien – Bürgerrechts- und Frauenorganisationen wie der „Rat der Musliminnen" (CCMW) in Kanada, das „Civitas"-Institut oder die von der gebürtigen Iranerin Maryam Namazie initiierte „One Law for All"-Kampagne in Großbritannien – bedienen sich zur argumentativen Begründung ihrer Position regelmäßig aus diesem Repertoire des Liberalismus.

Eine religiös begründete Partikularrechtsordnung für eine „Parallelgesellschaft" mit eigener Gerichtsbarkeit ist für sie *nicht* akzeptabel, weil sie dem Prinzip der alleinigen Geltungshoheit des staatlichen Rechts widerspricht. Sie bestehen auf dem Prinzip der Gleichheit aller vor dem Gesetz, einer objektiven und einheitlichen Rechtsprechung ohne Ansehen der Person, ihrer ethnischen oder religiösen Zugehörigkeit oder ihres Geschlechts, dem uneingeschränkten Schutz der Individualrechte sowie der religiös-weltanschaulichen *Neutralität* des Verfassungsstaates, das heißt der Säkularisierung des Rechts und der strikten Trennung von Religion und Staat.

Die Position des Multikulturalismus

Wenden wir uns nun den (westlichen) *Befürwortern* von Scharia-Gerichten zu. Sie beziehen sich zur Begründung ihrer Auffassung in der Regel auf den Multikulturalismus, der ebenso wie der Kommunitarismus eine Liberalismus-*kritische* Theorie ist: Der Liberalismus gründe auf einem verfehlten „atomistischen" Menschenbild eines „ungebundenen Selbst" und ignoriere die sozialen, moralischen und kulturellen *Kontexte* unserer Existenz. Er überbetone die Rechte und Eigeninteressen des Individuums und vernachlässige dessen Verpflichtungen gegenüber der Gemeinschaft. Er vertrete einen inhaltsleeren Prozeduralismus und moralischen Subjektivismus und ignoriere die in einer Gemeinschaft stets schon vorhandenen „starken Wertungen", er unterminiere den sozialen Zusammenhalt, fördere den Egoismus und übersehe die Bedeutung des bürgerschaftlichen Engagements für den Erhalt eines freiheitlichen Gemeinwesens (Sandel 1982; Honneth 1994; Kymlicka 1997, S. 169-199; Taylor 2009).

Insbesondere die liberale Konzeption eines autonomen, „prä-sozialen" Subjekts und seiner „Priorität" gegenüber seinen Wertvorstellungen, Überzeugungen und Lebenszielen, die es angeblich frei wählt, wird kritisiert. Der Liberalismus beginne mit der Frage nach dem Gerechten, sprich den Rechten und Freiheiten des Individuums, müsste aber mit der Frage, *„wodurch unser Leben Sinn erhält oder Erfüllung findet"*, das heißt mit Fragen des *„guten Lebens"* beginnen (Taylor 1994, S. 16). Dann stieße man schnell, so Charles Taylor, auf die Bedeutung der Gemeinschaft, ihrer Sprache, Traditionen und kulturellen Praktiken für das Subjekt und für die Entwicklung seiner Identität, die sich nur inter-subjektiv entfalten könne und aus einer kollektiven „Wir-Identität" hervorgehe. Vor allem aber erschließe sich dann die besondere Bedeutung der *„starken Wertungen"* einer Gemeinschaft, von *„Gut und Böse"*, *„Richtig und Falsch, Besser und Schlechter"* etc. (Taylor 1994, S. 17), die vom Einzelnen immer schon vorgefunden würden und die seinen Orientierungshorizont oder seine „moralische Landkarte" darstellten, mittels derer er allererst zu bestimmen vermag, was für ihn wichtig ist und was nicht (Taylor 1994, S. 60). Deshalb, so Taylor, gehe dem Recht auf Rechte, die Pflicht, einer Gemeinschaft anzugehören, sie zu erhalten und zu fördern, voraus: *„an obligation to belong"* (Taylor 1985, S. 198)[16].

Aus dieser Liberalismus-kritischen Position heraus entwickelt der Multikulturalismus seine spezifischen Auffassungen und Forderungen: Er begrüßt den normativen Partikularismus der unterschiedlichen Kulturen in einer Gesellschaft und betont die Bedeutung identitätsstiftender sittlicher Milieus. Das Gemeinwesen erscheint ihm als eine Gemeinschaft von Gemeinschaften mit je eigenen Konzeptionen des guten Lebens, die alle gleich anerkennungswürdig seien. Abgelehnt wird jeder Assimilationsdruck seitens der Mehrheitskultur, der – auch in der Form strikter rechtlicher und politischer Gleichbehandlung aller Bürger ohne Ansehen ihrer ethnischen, kulturellen oder religiösen Unterschiede – ein *„Repressionsinstrument"* sein könne (Taylor 2009, S. 23): Die verschiedenen identitätserhaltenden Gruppen sollen statt dessen in ihrer je spezifischen Besonderheit geachtet, verteidigt und gefördert werden.

Aus dieser Forderung nach einer kultursensiblen Anerkennung von Differenz leitet der Multikulturalismus sodann erziehungspolitische Initiativen zum Erhalt der Gemeinschaften und ihrer kulturellen Traditionen und Lebensformen ab, entwirft Programme der Wertintegration und nimmt es hin, dass auch durch Beschränkung der individuellen Freiheit, durch Diskriminierung und Abgrenzung die Binnensolidarität und Kollektividentität der verschiedenen kulturellen Gruppen gefestigt wird (Kersting 1993, S. 16).

---

[16] Vgl. Taylor (1985), S. 188: *„Primacy-of-right theories in other words accept a principle ascribing rights to men as binding unconditionally, binding, that is, on men as such. But they do not accept as similarly unconditional a principle of belonging or obligation."*

Am Beispiel des Engagements von Charles Taylor für die frankophone Minderheit im kanadischen Québec werden die Konsequenzen deutlich: Dort wurden zum langfristigen Erhalt der frankophonen Kultur *kollektive Rechte* festgesetzt, welche die in der kanadischen „Charter of Rights" verbrieften individuellen Freiheitsrechte teilweise einschränkten: Frankophone und Einwanderer durften ihre Kinder nicht auf englischsprachige Schulen schicken, Plakatwerbung war nur mehr in französischer Sprache erlaubt, in Firmen mit mehr als 50 Mitarbeitern musste die Geschäftssprache Französisch sein. Daneben wurden in Kanada Sonderregelungen verabschiedet für die speziellen kulturellen Bedürfnisse der Indianer („first nations") und der Inuit. Ziel war es, nicht-ethnozentrische Formen der Konfliktregulierung und Solidarität in einer multi-kulturellen Gesellschaft zu etablieren.

Westliche Befürworter von Scharia-Gerichten schöpfen aus diesem argumentativen Fundus. Man müsse muslimischen Minderheiten in der multikulturellen Gesellschaft die Möglichkeit geben, ihre gemeinschaftlichen Angelegenheiten ganz oder teilweise nach islamischem Recht zu ordnen. Auch der Islam sei eine „Kultur" im Sinne des Multikulturalismus. Und islamische Institutionen seien essentiell für das Überleben der islamischen Gemeinschaft außerhalb islamischer Länder.

Der Erzbischof von Canterbury, Rowan Williams, der sich 2008 für Scharia-Gerichte in Großbritannien aussprach,[17] erklärte etwa, dass ethnisch, kulturell und religiös heterogene Gesellschaften ein einheitliches, universalistisches Rechtssystem nicht angemessen sei. Es müsse eine Wahlmöglichkeit hinsichtlich der Jurisdiktion für religiöse Minderheiten wie Muslime geben:

"Societies that are in fact ethnically, culturally and religiously diverse are societies in which identity is formed, as we have noted by different modes and contexts of belonging, 'multiple affiliation' [...]. [T]his means that we have to think a little harder about the role and rule of law in a plural society of overlapping identities [...] a universalist Enlightenment system has to weigh the possible consequences of ghettoising and effectively disenfranchising a minority, at real cost to overall social cohesion and creativity [...] it might be possible to think in terms of [...] a scheme in which individuals retain the liberty to choose the jurisdiction under which they will seek to resolve certain carefully specified matters" (Williams 2008a).

Der Kritik, das islamische Recht sei mit den Menschenrechten inkompatibel, liege eine, so Williams, ethnozentrisch voreingenommene Interpretation jener Rechte zugrunde: „[We should not] *instantly spring to the conclusion that the whole of*

---

[17] Sharia Law in UK is unavoidable: The Archbishop of Canterbury says the adoption of certain aspects of Sharia law in the UK "seems unavoidable". In: BBC News, 7. Februar 2008 (*http://news.bbc.co.uk/2/hi/7232661.stm*; Zugriff am 7.1.2012); Erzbischof findet Scharia akzeptabel. Anglikaner-Oberhaupt löst in Großbritannien Sturm der Entrüstung aus. In: Stuttgarter Nachrichten, 9. Februar 2008 (*http://content.stuttgarter-nachrichten.de/stn/page/16315 68_0_9223_grossbritannien-erzbischof-findet-scharia-akzeptabel.html*; Zugriff am 7.1.2012).

that world of jurisprudence and practice [sc. Scharia] *is somehow monstrously incompatible with human rights, simply because it doesn't immediately fit with how we understand it"* (Williams 2008b).

Auch der Schweizer Professor für Sozialanthropologie Christian Giordano hat sich – unter direkter Bezugnahme auf Williams – für einen Rechtspluralismus in Einwanderergesellschaften ausgesprochen: Durch diesen *"würden längerfristig die Integration* [...] *und die institutionelle Anerkennung des soziokulturellen Beitrags der Herkunftsgesellschaften gefördert, wodurch der transnationale Aspekt der Multikulturalität respektiert würde"* (Giordano 2008, S. 76).

Mindestens drei Einwände können jedoch gegen die multikulturalistisch orientierten Befürworter von Scharia-Gerichten erhoben werden:

Erstens, zunächst aus der Sicht des Liberalismus: Ist nicht ein *gemeinsamer* rechtlicher Rahmen für *alle* partikularen Sittlichkeitsmilieus oder „Kulturen" erforderlich, weil schließlich nicht *jede* wertintegrative Gemeinschaftsbildung gebilligt werden kann? Offenbar bedarf es doch einer *differenzierenden „Ethik der Solidaritätswürdigkeit"*, wie Wolfgang Kersting formuliert hat, die zulässige von unzulässigen Loyalitätsforderungen zu unterscheiden erlaubt (Kersting 1993, S. 15). Und gegen unzulässige Loyalitätsforderungen muss im Zweifel Rechtshilfe vor staatlichen Gerichten zur Verfügung stehen. Der rechtliche *Separatismus* einzelner „Kulturen" ist daher – im Namen eines einheitlichen, säkularen, weltanschaulich neutralen, den Menschenrechten verpflichteten Rechts – abzulehnen.

Multikulturalisten (und Islamisten) reagieren darauf gerne mit dem Einwand, der hier supponierte Maßstab – die Idee individualistisch verstandener „Menschenrechte", der Trennung von Politik und Religion, der „Neutralität" des Staates etc. – verdanke sich selbst einer spezifischen, nämlich der abendländisch-christlichen Kultur und sei daher nichts anderes als ein Partikularismus unter der Maske des Universalen. Ein Instrument hegemonialer Politik, das das Dominanzstreben dieser Mehrheitskultur zu erkennen gebe. Demgegenüber ist allerdings darauf hinzuweisen, dass der Maßstab vielleicht im Westen zum ersten Mal ausformuliert worden ist, dass aber die *Genese* und die *Geltung* von Prinzipien zweierlei sind.

Zweitens: Dem Multikulturalismus-Modell (etwa Charles Taylors oder auch Will Kymlickas) liegt ein – an Herder anschließender – homogenitätsorientierter, essenzialistischer Kulturbegriff zugrunde, den Seyla Benhabib zu Recht als *„Reifizierung vorausgesetzter Gruppenidentitäten"* (Benhabib 1999, S. 13f.) kritisiert hat. Eine Einheit von Personengruppe, homogenem Sinnhorizont, gemeinsamer Lebensform und einer Selbstidentifizierung als Kollektiv gegenüber „anderen" Kollektiven mag es in traditionalen Gesellschaften gegeben haben. Moderne Gesellschaften insbesondere mit starkem Migranten-Anteil sind jedoch eher durch eine Interferenz von Kulturen und Formen der Hybridisierung, Kreolisierung etc. gekennzeichnet (Reckwitz 2001).

Doch selbst wenn man den totalitätsorientierten Kulturbegriff Taylors und Kymlickas im hier vorliegenden Kontext verwendet, ist fraglich, ob wir es bei der Gruppe der Muslime in Einwanderer-Gesellschaften wie Großbritannien, Kanada oder Deutschland tatsächlich mit einer einheitlichen „Kultur" in ihrem Sinne zu tun haben, für deren Erhalt die Anerkennung von Scharia-Recht und Scharia-Gerichten notwendig ist. Die ethnische, kulturelle, und nicht zuletzt religiöse Heterogenität von schiitischen Persern, sunnitischen Arabern, alevitischen Türken, deutschen Konvertiten etc. erscheint dafür viel zu groß – wobei ja auch dies wieder problematische Generalisierungen darstellen.

Orientiert man sich am modernen Kulturbegriff der Humanwissenschaften nach dem „Cultural turn", der von einer Konstellation „kultureller Interferenzen" ausgeht, wonach Akteure an *unterschiedlichen* Komplexen von Sinnhorizonten, sozialen Praktiken und Selbstverständigungsdiskursen teilhaben (Reckwitz 2001), wird deutlich, dass ein homogenitäts- oder totalitätsorientierter Kulturbegriff hier nur eine *Konstruktion* sein kann. Sie wird von kulturellen Eliten, z. B. den Führern islamistischer Bewegungen und Organisationen, die regelmäßig von *der* „muslimischen Gemeinschaft" sprechen, aus *politisch-ideologischen* Gründen vorgenommen, um bestimmte Forderungen – wie die nach der Einführung einer islamischen Gerichtsbarkeit – durchsetzen zu können, deren Erfüllung letztlich primär ihre eigene Macht festigen helfen würde.

Drittens: Westliche Befürworter, die auf der Basis des Multikulturalismus für eine islamische Partikularrechtsordnung mit eigener Gerichtsbarkeit eintreten, missverstehen das Konzept des Multikulturalismus an einem wichtigen Punkt. Dessen Ziel ist kein bloßer Modus Vivendi, sondern die Integration aller „Kulturen" in ein *republikanisches* Gemeinwesen, das der *„zentrale[n] einheitsstiftende[n] Identifikationspol"* (Taylor 2002, S. 19) für alle sein muss. Die *„Anerkennung von Differenz"* soll zur *Stärkung* des Gemeinwesens beitragen, von der man sich perspektivisch ein erhöhtes bürgerschaftliches Engagement, eine stärkere Bindung an die Institutionen und Verfahren der Selbstregierung, republikanische Solidarität und die Entfaltung einer gemeinsamen „Wir-Identität" verspricht.

Die Einführung unterschiedlicher Rechtsordnungen für verschiedene Teile der Bevölkerung würde dagegen eher zum Gegenteil, nämlich zur Fragmentierung der Gesellschaft führen: *„Zur Fragmentierung kommt es"*, schreibt Charles Taylor, *„wenn [...] die Menschen [...] immer weniger spüren, daß sie durch gemeinsame Vorhaben und Loyalitäten an ihre Mitbürger gebunden sind"* (Taylor 1995, S. 125f.). Für ein starkes, *geeintes* Gemeinwesen müssen sich die Bürger als Bestandteile eines gemeinsamen Projekts verstehen, das mitzugestalten und für das Verantwortung zu übernehmen sie sich verpflichtet fühlen. Taylor fasst das im Begriff *„Patriotismus"* zusammen, einer notwendigen, republikanischen Bürgertugend, die die Loyalität gegenüber dem Gemeinwesen, seinen verfassungsmäßigen Organen und Gesetzen zum Ausdruck bringt: *„Die Existenz des Gemeinwesens als solches samt seinen Gesetzen muss ein Gut darstellen, das respektiert und gepflegt wird"*, schreibt er in seinem Essay *„Wieviel Gemeinschaft braucht die Demokratie"* (Taylor 2002, S. 16; vgl. S. 19, 23).

Hierzu ist aber eine einheitliche Rechtsordnung erforderlich. Die Akzeptanz religiöser Mehrrechtsordnungen dagegen könnte zentrifugale Tendenzen begünstigen. Die vom Multikulturalismus Taylors angestrebte *Integration* aller Bürger in ein republikanisches Gemeinwesen würde auf diese Weise nicht erreicht.[18]

Die Akkommodation religiöser Minderheiten im liberal-demokratischen Rechts- und Verfassungsstaat

Mir scheint die Forderung nach einer Einführung von Scharia-Recht und Scharia-Gerichten in westlichen Demokratien kaum begründbar, weder aus der Sicht des Liberalismus, noch aus der Sicht des Multikulturalismus. Selbst dann nicht, wenn sich die Betroffenen – wie in Großbritannien – *freiwillig* einer solchen Gerichtsbarkeit unterwerfen müssten und der alternative Weg vor staatliche Gerichte offen stünde. Vor allem die Rechte der Frauen wären durch religiöse Gerichte bedroht: Zum Einen durch die Frauen in vielerlei Hinsicht benachteiligenden Regelungen der Scharia (im Bereich des Unterhalts- und Sorgerechts, des Erbrechts, des Rechts auf Scheidung etc.), zum Anderen, weil sich besonders Frauen starkem sozialen Druck ausgesetzt sähen, sich solchen Gerichten zu unterwerfen, weil nur dies ihrer „authentischen Identität" entspräche und erst ihre volle „Loyalität gegenüber der Gemeinschaft" bewiese.[19]

Zudem könnte die Rechtssicherheit aufgrund des innerislamischen Meinungspluralismus hinsichtlich der Auslegung der Rechtsquellen zwischen den verschiedenen Strömungen und Rechtsschulen des Islam kaum gewährleistet werden – ist es doch nicht einmal klar, wer aufgrund welcher „Ausbildung" zur Rechtsprechung befugt wäre. Die Einführung widerspräche aber meines Erachtens so oder so dem staatlichen Gewalt- und Justizmonopol: In einem liberal-demokratischen Rechts- und Verfassungsstaat kann nur *ein* für alle gleiches, säkulares, den Menschenrechten verpflichtetes Gesetzesrecht existieren, kann es kein gleichberechtigtes Nebeneinander zweier oder mehrerer Rechtsordnungen, etwa parallel geltender Sachrechtsordnungen auf gleicher Ebene geben.

Das heißt aber nicht, dass der liberal-demokratische Rechts- und Verfassungsstaat die religiösen Bedürfnisse von religiösen Minderheiten, auch strenggläubiger Muslime, nicht akkommodieren könnte und würde. Er fordert nämlich gerade *nicht* die *strenge* Trennung von Religion und Staat, wie einige Liberale irrtümlich annehmen: Das Grundrecht der Religionsfreiheit kann wie in Deutschland oder Österreich zu einer „positiven Neutralität" führen, einer „freundlichen" Trennung

---

[18] So haben sich auch weder Taylor noch Kymlicka selbst für Scharia-Gerichte ausgesprochen; vgl. Kymlicka (2004, S. 60-71; 2006; 2007), Taylor (2008).

[19] Vgl. zum Problem: Rohe (2008c), S. 500ff., sowie grundlegend Shachar (2001). Shachar hält gleichwohl – unter bestimmten (institutionellen) Bedingungen – das Rechtsprinzip der Gleichheit (der Geschlechter) mit der Einrichtung religiöser Schiedsgerichte für vereinbar (Shachar 2005). Sie wäre aber zu fragen, ob angesichts der hierzu notwendigen zahlreichen Vorkehrungen, Kontrollen und Prüfverfahren der Vorteil einer (nicht-staatlichen) „alternative dispute resolution" nicht völlig verloren geht.

von Religion und Staat. Um den religiösen Bedürfnissen muslimischer Gläubiger entgegenzukommen und die Erfüllung der *religiösen* Vorschriften der Scharia weitestgehend zu ermöglichen, wurden in Deutschland etwa Ausnahmeregelungen zum Tierschutzgesetz, bei den kommunalen Friedhofsordnungen und den städtischen Bebauungsplänen getroffen: Das Schächten, die sarglose Bestattung und der Moscheebau in Innenstädten wurden so möglich[20] (vgl. Rohe 2001; 2006, S. 96ff.; 2008a). Zudem ist ein eigener islamischer Religionsunterricht an öffentlichen Schulen durchführbar.[21] Für den Sexualkundeunterricht, den gemischten Sportunterricht, die Schulspeisung wurden Lösungen gefunden, die Muslimen entgegenkommen. Über die Grundprinzipien der Vertragsfreiheit und der Privatautonomie bieten Banken „zinslose" Darlehensverträge an, werden ethisch kompatible Aktienfonds aufgelegt, können religiöse Auffassungen berücksichtigende Erb- und Eheverträge geschlossen werden, die den Rechtsschutz des Staates genießen (Rohe 2006, S. 111f.; 2008a, S. 167). Im Sozialrecht werden (im Ausland geschlossene) polygame Ehen berücksichtigt (§ 34 Abs. 2 SGB 1). Auch das Arbeitsrecht berücksichtigt religiöse Bedürfnisse (Unterbrechung von Arbeitszeiten zum Ritualgebet). Und in Streitfällen mit Auslandsbezug sind über das sogenannte Internationale Privatrecht Elemente der Scharia schon lange Teil der deutschen Rechtsordnung geworden: Das Einführungsgesetz zum Bürgerlichen Gesetzbuch (EGBGB) sieht vor, dass im Ausland wirksam entstandene private Rechtsbeziehungen grundsätzlich auch dann fortbestehen, wenn die Beteiligten nach Deutschland kommen.[22]

Der liberal-demokratische Rechts- und Verfassungsstaat der Bundesrepublik Deutschland – und das gilt grundsätzlich auch für Österreich – ist also keineswegs differenzblind, sondern kommt den religiösen Bedürfnissen von Muslimen weit entgegen. Eine darüber hinaus gehende eigene islamische Gerichtsbarkeit er-

---

[20] So erlaubt § 4a Abs. 2 TierSchG das betäubungslose Schlachten warmblütiger Tiere aus zwingenden religiösen Gründen.

[21] Ein Anspruch hierauf ergibt sich aus Art. 7 Abs. 3 des deutschen Grundgesetzes. Zur Problematik allg. vgl. Bock 2007.

[22] In Deutschland gilt der Grundsatz der Gleichwertigkeit aller Rechtsordnungen: *„Im Bereich des Familien- und Erbrechts (Voraussetzungen und Rechtsfolgen der Eheschließung, Voraussetzungen und Rechtsfolgen der Eheauflösung, Rechtsbeziehungen zwischen Eltern, Kindern und anderen Familienangehörigen einschließlich von Unterhaltsansprüchen, Adoption, Vormundschaft und Betreuung, erbrechtliche Beziehungen) ist häufig das ‚Heimatrecht' Beteiligter anzuwenden, wobei die ‚Heimat' durch die Staatsangehörigkeit definiert wird"* (Rohe 2001, 111). Beruht das Zivilrecht eines Staates also auf der Scharia, so gelten dort nach Scharia-Recht gestiftete Verhältnisse auch bei einem Umzug nach Deutschland weiter fort – allerdings nur in den Grenzen des „ordre public", das heißt soweit diese Rechtsbeziehungen den wesentlichen Grundsätzen des deutschen Rechts, insbesondere den Grundrechten, nicht widersprechen (Art. 6 EGBGB; vgl. Rohe 2001, S. 112ff.; Rohe 2008a; für Österreich: Rohe 2008b, S. 56).

scheint vor diesem Hintergrund eher als eine *ideologisch* – und das heißt machtpo-
litisch[23] –, nicht aber religiös motivierte Forderung.

Literatur

Bakht, Natasha (2005): Arbitration, Religion and Family Law. Private Justice on the Backs of
Women. Ottawa, ON.

Benhabib, Seyla (1999): Kulturelle Vielfalt und demokratische Gleichheit. Politische Partizipation im Zeitalter der Globalisierung. Frankfurt/M.

Bock, Wolfgang (Hrsg.) (2007): Islamischer Religionsunterricht? Rechtsfragen, Länderberichte,
Hintergründe. Tübingen.

Brocker, Manfred (2004): Das Verhältnis von Politik und Religion im zeitgenössischen amerikanischen Liberalismus, in: Walther, Manfred (Hrsg.): Religion und Politik. Zu Theorie und
Praxis des theologisch-politischen Komplexes. Baden-Baden, S. 293-302.

Boyd, Marion (2004a): Dispute Resolution in Family Law: Protecting Choice, Promoting Inclu-
sion. Executive Summary. Toronto, ON (http://www.attorneygeneral.jus.gov.on.ca/english/
about/pubs/boyd/executivesummary.pdf; Zugriff am 30. Dezember 2011).

Boyd, Marion (2004b): Dispute Resolution in Family Law: Protecting Choice, Promoting Inclu-
sion. Full Report. Toronto, ON (http://www.attorneygeneral.jus.gov.on.ca/english/about/
pubs/boyd/fullreport.pdf; Zugriff am 28. März 2011).

Fetzer, Joel S./Soper, J. Christopher (2005): Muslims and the State in Britain, France, and Germany. Cambridge.

Höffe, Otfried (⁶2004): Immanuel Kant. München.

Honneth, Axel (Hrsg.) (²1994): Kommunitarismus. Eine Debatte über die moralischen Grundlagen moderner Gesellschaften. Frankfurt/M.

Giordano, Christian (2008): Der Rechtspluralismus: ein Instrument für den Multikulturalismus?,
in: Tangram 22, S. 74-77 (italienisch im Original).

Kant, Immanuel (⁴1975a): Metaphysik der Sitten, in: Kant, Immanuel: Werke in sechs Bänden,
hrsg. von Wilhelm Weischedel. Darmstadt, Bd. 4, S. 303-634.

Kant, Immanuel (⁴1975b): Zum ewigen Frieden, in: Kant, Immanuel: Werke in sechs Bänden,
hrsg. von Wilhelm Weischedel. Darmstadt, Bd. 6, S. 191-251.

Kant, Immanuel (⁴1975c): Über den Gemeinspruch: Das mag in der Theorie richtig sein, taugt
aber nicht für die Praxis, in: Kant, Immanuel: Werke in sechs Bänden, hrsg. von Wilhelm
Weischedel. Darmstadt, Bd. 6, S. 125-172.

---

23 Vgl. in diesem Zusammenhang auch den aufschlussreichen Debattenbeitrag der liberalen Abgeordneten des Provinzparlaments von Québec, Fatima Houda-Pepin, vom 26.5.2005 zur Unterstützung des von ihr eingebrachten Antrags, Scharia-Gerichte in Québec und Kanada abzulehnen: Can Canada afford two justice systems? In: Inroads 18, Winter/Spring 2006, S. 66-
70. Dort heißt es: *„Muslim Canadians are full-fledged citizens, who enjoy the same rights
and have the same obligations as all Canadians. They have the freedom to build mosques and
run Islamic schools, some of which are publicly funded [...]. For several years now, Canada
has been the arena of intense struggles for control of the Islamic community. [...] The push to
introduce shari'a law in Canada is part of [...] a vision whose ideologists, propagandists, fi-
nancial backers and activists are Islamists [...]. Implementing shari'a in Canada is a power
grab"* (S. 66f.). Nach Houda-Pepin war die in Saudi-Arabien ansässige „Islamische Weltliga"
der Hauptfinanzier der Aktivitäten zur Einführung der Scharia in Kanada und den USA; vgl.
auch Rohe (2008c), S. 464f., 496f., 507f.

Kersting, Wolfgang (1993): Liberalismus und Kommunitarismus. Zu einer aktuellen Debatte, in: Information Philosophie 3, S. 4-19.

Kersting, Wolfgang (1994): Die Politische Philosophie des Gesellschaftsvertrags. Darmstadt.

Kersting, Wolfgang (2004): Kant über Recht. Paderborn.

Kymlicka, Will (1996): Multicultural Citizenship. A liberal theory of minority rights. Oxford.

Kymlicka, Will (1997): Politische Philosophie heute. Eine Einführung. Frankfurt/M.

Kymlicka, Will (1999): Multikulturalismus und Demokratie. Über Minderheiten in Staaten und Nationen. Hamburg.

Kymlicka, Will (2004): Finding Our Way. Rethinking Ethnocultural Relations in Canada. Oxford.

Kymlicka, Will (2006): Testing the Bounds of Liberal Multiculturalism? Paper presented to the Trudeau Foundation's Conference on Public Policy "Muslims in Western Societies", November 16-18 (http://www.trudeaufoundation.ca/resource/public/communiq/2006coll; Zugriff am 8. Januar 2012).

Kymlicka, Will (2007): Tester les limites du multiculturalisme libéral? Le cas des tribunaux religieux en droit familial, in: Éthique publique 9/1, S. 27-39.

Locke, John (1977): Zwei Abhandlungen über die Regierung. Frankfurt/M.

Nozick, Robert (2006): Anarchie, Staat, Utopia. München.

One Law for All (2010): Sharia Law in Britain. A threat to one law for all and equal rights. London.

Pal, Mariam S. (2006): Faith-Based Arbitration in Canada and Beyond. Recent Developments and Future Prospects. Presentation to the Canadian Bar Association (http://www.cba.org/cba/newsletters/pdf/adr-mspal_presentation.pdf; Zugriff am 7. Januar 2012).

Reckwitz, Andreas (2001): Multikulturalismustheorien und der Kulturbegriff. Vom Homogenitätsmodell zum Modell kultureller Interferenzen, in: Berliner Journal für Soziologie 11/2, S. 179-200.

Rohe, Mathias (^{2}2001): Der Islam – Alltagskonflikte und Lösungen. Rechtliche Perspektiven. Freiburg i. Br.

Rohe, Mathias (2006): Zur rechtlichen Integration von Muslimen in Deutschland, in: Bendel, Petra/Hildebrandt, Mathias (Hrsg.): Integration von Muslimen. Schriftenreihe des Zentralinstituts für Regionalforschung. München, S. 89-116.

Rohe, Mathias (2007): Islam und demokratischer Rechtsstaat – ein Gegensatz?, in: Politische Studien 58, S. 52-68.

Rohe, Mathias (2008a): Das Verhältnis der deutschen Rechtsordnung zu „fremden" religiösen Überzeugungen – dargestellt am Beispiel des Islam, in: Dirscherl, Erwin/Dohmen, Christoph (Hrsg.): Glaube und Vernunft. Spannungsreiche Grundlage europäischer Geistesgeschichte. Freiburg im Breisgau, S. 148-171.

Rohe, Mathias (2008b): Islam in Europa – Islamisierung der europäischen Rechtsordnungen?, in: Posch, Willibald/Schleifer, Wolfgang (Hrsg.): Rechtsfragen der Migration und Integration. 6. Fakultätstag der Rechtswissenschaftlichen Fakultät. Graz, S. 47-71.

Rohe, Mathias (2008c): Muslimische Identität und Recht in Kanada, in: Rabels Zeitschrift für ausländisches und internationales Privatrecht, 72/3, S. 459-512.

Rohe, Mathias (2009a): Shari'a in a European Context, in: Grillo, Ralph/Ballard, Roger/Ferrari, Alessandro/Hoekema, André J./Maussen, Marcel/Shah, Prakash (Hrsg.): Legal Practice and Cultural Diversity. Burlington, VT, S. 93-114.

Rohe, Mathias (2009b): Das islamische Recht. Geschichte und Gegenwart. München.

Rohe, Mathias (2010): Islam and the Law in Europe, in: Orient 51/2, S. 23-36.

Sajó, András (2008): Preliminaries to a concept of constitutional secularism, in: International Journal of Constitutional Law 6/3-4, S. 605-629.

Sandel, Michael (1982): Liberalism and the Limits of Justice. Cambridge.

Schlabach, Jörg (2009): Scharia im Westen. Muslime unter nicht-islamischer Herrschaft und die Entwicklung eines muslimischen Minderheitenrechts für Europa. Münster.

Shachar, Ayelet (2001): Multicultural Jurisdictions. Cultural Differences and Women's Rights. Cambridge.

Shachar, Ayelet (2005): Religion, State, and the Problem of Gender: New Modes of Citizenship and Governance in Diverse Societies, in: McGill Law Journal 50, S. 49-88.

Stopler, Gila (2009): Constitutional Secularism and Sharia Tribunals in Western Liberal States. Unveröffentlichtes Manuskript.

Taylor, Charles (1985): Atomism, in: Taylor, Charles: Philosophy and the Human Sciences. Philosophical Papers 2. Cambridge, S. 187-210.

Taylor, Charles (1994): Quellen des Selbst. Die Entstehung der neuzeitlichen Identität. Frankfurt/M.

Taylor, Charles (1995): Das Unbehagen an der Moderne. Frankfurt/M.

Taylor, Charles (2002): Wieviel Gemeinschaft braucht die Demokratie?, in: Taylor, Charles: Wieviel Gemeinschaft braucht die Demokratie? Aufsätze zur politischen Philosophie. Frankfurt/M., S. 11-29.

Taylor, Charles (2008): Accommodation, Islamophobia, and the Politics of Mobilization: An Interview with Charles Taylor, in: The Other Journal (http://theotherjournal.com/2008/10/09/accommodation-islamophobia-and-the-politics-of-mobilization-an-interview-with-charles-taylor-part-three-of-three/; Zugriff am 9. Januar 2012).

Taylor, Charles (2009): Multikulturalismus und die Politik der Anerkennung. Frankfurt/M.

Wagner, Joachim (2011): Richter ohne Gesetz. Islamische Paralleljustiz gefährdet unseren Rechtsstaat. Berlin.

Williams, Glanville (^{5}1972): The Sanctity of Life and the Criminal Law. London.

Williams, Rowan (2008a): Civil and Religious Law in England: a Religious Perspective. Lecture at the Royal Courts of Justice, February 7 (http://www.archbishopofcanterbury.org/1575; Zugriff am 16. März 2011).

Williams, Rowan (2008b): Interview with Christopher Landau, February 7, on BBC Radio 4 (http://news.bbc.co.uk/2/hi/uk news/7239283.stm; Zugriff am 16. März 2011).

Was sind die Grenzen der Toleranz?
Islam, der Westen und die Menschenrechte

Elham Manea

Einleitung

Europa hat sich demographisch verändert. Betrachtet man die Bevölkerungszahlen, dann merkt man, dass das eine Tatsache ist. Vor 60 Jahren gab es noch so gut wie keine Muslime in Westeuropa. Heute sind es fünf Millionen in Frankreich, vier in Deutschland, zwei in England, und hier in der Schweiz werden sie auf 340.000 Personen geschätzt. Insgesamt sind es mittlerweile zwanzig Millionen auf dem ganzen Kontinent (Beglinger 2009. S. 27f). In Europa stellt sich deswegen die Frage: Wie geht Europa mit seinen muslimischen Migranten um?

In diesem Text werde ich die Meinung vertreten, dass die muslimischen Migranten sich am vorherrschenden europäischen Konsens über die Beziehung zwischen Staat, Gesellschaft und Religion anpassen sollen. Dazu werde ich drei Prinzipien vorschlagen, die es dafür benötigt. Als Illustration dient die Forderung zur Einführung von Formen des islamischen Gesetzes, der Scharia, in europäische und nordamerikanische Rechtssysteme. Die Mehrheitsgesellschaften andererseits müssen die Bereitschaft aufbringen, ihre Migranten nach dem Gleichheitsprinzip zu behandeln.

Wie soll Europa umgehen mit seinen muslimischen Migranten? Assimilation als Ausgangspunkt

Handelt es sich im Kern darum, wie schon verschiedentlich geäussert wurde, „ ... *ob angesichts der Einwanderung von Muslimen der bisherige Konsens über die Beziehung zwischen Staat, Gesellschaft und Religion neu überdacht und gegebenenfalls gar diese neu ausgehandelt werden müssen"*? (Schulze 2001, S. 97).

Für mich ist das klar der falsche Ausgangspunkt. Für mich steht die Frage im Zentrum, ob die Minderheit den bestehenden Grundkonsens über die Beziehung zwischen Staat, Gesellschaft und Religion akzeptiert, und ob die Mehrheitsgesellschaft bereit ist, die Minderheit nach dem Gleichheitsprinzip zu behandeln. Es geht hier somit eigentlich um eine Anpassung, die von beiden Seiten verlangt wird. Was heißt das konkret?

Ein wesentlicher Pfeiler dieses Konsenses ist der Säkularismus, d.h. die Trennung von Staat und Religion. Dieser Konsens ist in den einzelnen europäischen Ländern sehr unterschiedlich ausgefallen: Er reicht von einem expliziten Laizismus (wie in Frankreich und im Kanton Genf in der Schweiz) über spezielle Konkordatsregelungen (Deutschland) und einem Säkularismus bei gleichzeitig privilegierter Stellung einer Konfession (Großbritannien). Jedenfalls ist man zu diesem Konsens gekommen als einer Lösung, die dazu dient, Konflikte zwischen christlichen Konfessionsgemeinschaften, die bis ins 17. Jahrhundert hinein die politische und soziale Ordnung in Europa maßgeblich erschütterten, zu bewältigen (Schulze 2001). Der Islam ist in weiten Teilen Europas eine neue Religion und soll sich diesem Konsens anpassen.

Säkularismus allein genügt jedoch nicht. Ein Staat kann säkular sein, aber trotzdem die Grundrechte seiner Bevölkerung missachten. Ein wesentlicher Teil des Konsenses besteht deshalb auch darin, dass der Staat demokratisch organisiert ist und dass er seinen Bürger und Bürgerinnen ihre Grundrechte garantiert. D.h. unter anderem, dass die Allgemeine Erklärung der Menschenrechte[1] akzeptiert und die Übereinkommen zur Beseitigung jeder Form von Diskriminierung der Frau (CEDAW)[2] gesetzliche Basis sind.

Dieser übergreifende Konsens muss für die gesamte Bevölkerung in Europa verbindlich sein, auch für die muslimischen Migranten. Letztere sollen sich diesem Konsens anpassen, eben assimilieren. Mit anderen Worten: Es geht hier nicht um die Entwicklung neuer ausgehandelter Konzepte von Meinungsfreiheit, Religionsfreiheit oder der Gleichstellung von Mann und Frau. Solche Grundrechte sind die Errungenschaften Westeuropas, sie bilden die gesetzliche Basis und dürfen nicht in Frage gestellt werden. Es muss von Anfang an klar sein, dass diese Grundrechte die Spielregeln für das Zusammenleben aller, von Mehrheit und Minderheit bilden.

Es ist mir bewusst, dass der Begriff Assimilation, d.h. Anpassung, einen schlechten Beigeschmack hat. Damit verbindet man die Vorstellung, *„den Einwanderern werde die Preisgabe ihrer kulturellen Identität abverlangt"* (Beglinger 2009). Aber verlangt Assimilation diesen Preis wirklich?

Klärung der Begriffe, die in der Islamdebatte verwendet werden

Fangen wir mit dem Begriff „Muslime" an. Er suggeriert, dass es eine kollektive Identität derjenigen gibt, welche dem Islam als Religion zugehören. Es gibt jedoch weder den Islam noch die Muslime in Europa, sondern Gemeinschaften, die weder ethnisch, noch kulturell oder sprachlich eine Einheit bilden. Und diese Gemeinschaften haben sehr unterschiedlichen Ansichten über die ‚richtige' Islampraxis.

---

[1] Allgemeine Erklärung der Menschenrechte: Resolution 217 A (III) der Vereinten Nationen vom 10. Dezember 1948. Online: https://www.menschenrechtserklaerung.de/die-allgemeine-erklaerung-der-menschenrechte-3157/

[2] Konvention zur Beseitigung jeder Form der Diskriminierung der Frauen, von den Vereinten Nationen bei der Vollversammlung am 18. Dezember 1979 angenommen. Online: https://www.bmb.gv.at/frauen/fgie/cedaw.html

Das lässt sich treffend am Beispiel der Muslime in der Schweiz zeigen: Geschätzte 11 Prozent sind Schweizer Bürger, 21 Prozent stammen aus der Türkei, 58 Prozent aus dem ehemaligen Jugoslawien. Aus Schwarzafrika, Asien und den Maghreb- Staaten kommen je 4 Prozent und aus dem Nahen Osten 2 Prozent (Baumann/ Stolz 2007, S. 198). Rund drei Viertel der hiesigen Muslime sind Sunniten, gefolgt von etwa 7 Prozent Schiiten (etwa 20.000 Personen), sowie etwa 10 bis 15 Prozent türkischen Aleviten, der Rest sind Sufis, also Anhänger des mystischen Islam (ibid.).

Entgegen der öffentlichen Wahrnehmung und Berichterstattung in den Medien deuten diese Zahlen darauf hin, dass das muslimische Leben in der Schweiz eine große innere Vielfalt aufweist. Anders gesagt: Auch wenn für die 340.000 Muslime in der Schweiz die fünf Säulen[3] des Islam sowie der Bezug auf Mohammed und den Koran gemeinsame Bezugspunkte darstellen, bleibt bislang für die meisten von ihnen die Zugehörigkeit zu ihrer jeweiligen Volksgruppe identitätsstiftend. Muslime in der Schweiz reagieren auf ihre diasporabedingten Lebensumstände somit ähnlich, wenn nicht sogar genauso, wie christliche Migranten aus Italien, Spanien oder Kroatien. Wie christliche Migrantengruppen sind auch muslimisch geprägte Einwanderer in der Schweiz entsprechend ihrer ethnischen Zugehörigkeit in gegenwärtig über 150 Kulturvereinen organisiert (Baumann/ Stolz 2007, S. 198 und 200).

Wichtig ist jedoch auch zu erwähnen, dass Muslime aus arabischen Staaten die dominierende Gruppe in der Westschweiz bilden, obwohl die Mehrheit der Muslime insgesamt europäischer Herkunft ist. Dies trifft nicht nur zahlenmäßig zu, sondern auch was die Auftritte in der Öffentlichkeit und den Anspruch betrifft, alle in der Westschweiz lebenden Muslime auf der Ebene einzelner Dachverbände zu vertreten. Allerdings fühlen sich die muslimischen Gruppen, die nicht-arabischen Ursprungs sind, von den arabisch-dominierten Dachverbänden in der Westschweiz kaum vertreten. Kultur und Mentalitätsunterschiede sowie die daraus hervorgehenden unterschiedlichen Ansichten über die ‚richtige' Islampraxis sind nach wie vor zu groß (Baumann/ Stolz, S. 200).

Diese Vielfalt und Unterschiede sind auch auf europäische Ebene feststellbar. Jacques Waardenburg hat in seinem Buch „Muslims in Europe" drei Merkmale dargestellt, welche die muslimische Migranten in Europa trennt (Waardenburg 2004, S. 21):

- ethnische, sprachliche und kulturelle Unterschiede inklusive verschiedener Traditionen zwischen den verschiedenen Regionen und Herkunftsländern;
- verschiedene Wahrnehmung, Interpretation und Verhältnis gegen über dem Islam;

---

[3] Die „Fünf Säulen" des Islam: 1. Das Glaubensbekenntnis (*šahāda*), 2. das rituelle Pflichtgebet fünf Mal täglich (*ṣalāt*), 3. das Fasten im Monat Ramadan (*ṣaum*), 4. die Pflichtabgabe für die Armen (*zakāt*) und 5. die Pilgerfahrt nach Mekka wenigsten einmal im Leben (*ḥaǧǧ*).

- sozioökonomische Unterschiede zwischen verschiedenen Gruppen von Immigranten

Angesichts dieser Verschiedenheit ist es problematisch, von einer kollektiven Identität der Muslime in Europa zu sprechen. Klar zum Ausdruck kam dies etwa im Zusammenhang mit der Auseinandersetzung um die Mohammed-Karikaturen in Dänemark 2006. Anders als in arabischen und islamischen Ländern gab es in Europa keine Grossdemonstrationen. Die Reaktionen hier fielen vergleichsweise milde aus.

Betrachtet man näher, welche muslimischen Gruppen während dieser Krise in europäischen Ländern protestiert haben, wird klar: Wenn wir über die Auseinandersetzung mit den „Muslimen" in Europa sprechen, sind zwei spezifische Gruppen gemeint:

1. Islamisten, die eine politische Variante des Islams propagieren und aktiv missionieren;
2. eine Gruppe, die ihre religiöse Identität aktiv pflegt und aufgrund dieser Religiosität verlangt, anders behandelt zu werden.

Die Islamisten, seien es nun Anhänger des Neo-Salafismus oder der Muslimbruderschaft, propagieren eine Weltanschauung, die den Konsens über das friedliche Zusammenleben verletzt und Europas Sicherheit gefährdet. Sie sehen den Dschihad als religiöse Pflicht eines Muslims, beharren auf der Segregation zwischen den Geschlechtern und propagieren ein Weltbild, das die Frau als unterlegen betrachtet. Gewalt gegen Frauen wird religiös legitimiert. Kurz: Sie vertreten Vorstellungen und Normen, die im Widerspruch zum gesellschaftlichen Modell in Europa stehen und seine Rechtsordnung strapazieren.

Weil diese Gruppe die demokratischen und freiheitlichen Regeln in den europäischen Staaten bewusst zu ihren Gunsten benutzt, finde ich es sehr wichtig, dass die europäischen Muslime und muslimischen Organisationen dieser Gruppe und ihrer Ideologie aktiv und öffentlich entgegentreten. Allein mit Sicherheitsmaßnahmen kann man der Gefahr, die von ihr ausgeht, nicht begegnen.

Die zweite Gruppe, die ihre religiöse Identität aktiv pflegt und verlangt, aufgrund ihrer Religiosität anders behandelt zu werden, konfrontiert Europa mit einer neuen Situation. Die mit der Immigration einhergehende religiöse und kulturelle Vielfalt zwingt Europa dazu, eine Diskussion um den Schutz der Grundrechte zu führen. Themen wie das muslimische Kopftuch, aber auch das Kreuz in Klassenzimmern oder die Minarettbau-Frage sind Teil dieser Grundrechte-Diskussion.

Diese Gruppe hat ein Recht, ihre Religion zu praktizieren, so lang sie die Grundwerte und Rechtsordnung in Europa beachtet, sich der demokratisch-pluralistischen Gesellschaft anpasst und den Frieden unter den Religionen und unter den Muslimen wahrt. Um dies zu gewährleisten, gilt es meiner Meinung nach drei Punkte zu beachten:

1. Der Konsens über Säkularismus ist nicht verhandelbar.
2. Bei einem Widerspruch zwischen Menschenrechten und religiösen Anliegen haben die Menschenrechte stets Vorrang. Dabei ist ohne Belang, von welcher Religion wir sprechen.
3. Europa darf die Auseinandersetzung zum Thema Islam und Gender in den islamischen Gesellschaften nicht ausblenden.

Die Forderung zur Einführung von Formen des islamischen Gesetzes in europäische und nordamerikanische Rechtssysteme

Als Illustration dient die Forderung zur Einführung von Formen des islamischen Gesetzes, der Scharia, in europäische und nordamerikanische Rechtssysteme. Diese Forderungen sind meist von zwei Personengruppen unterstützt bzw. selbst vorgebracht worden.

Erstens von Behördenvertretern oder Persönlichkeiten, die sich um die Integration von muslimischen Gemeinschaften in ihren jeweiligen Ländern Sorgen machen. Sie betrachten die Einführung des religiösen Gesetzes zugunsten einer „erfolgreichen" Integration von Muslimen in der Gesellschaft als unvermeidlich. Der ehemalige Erzbischof von Canterbury, Rowan Williams (2002 bis 2012), sowie die frühere Generalstaatsanwältin von Ontario, Marion Boyd (1993 bis 1995), gehören zu dieser Kategorie.

Zweitens von Vertretern der Rechtsanthropologie, die einen theoretischen und intellektuellen Diskurs über den Staat führen. Sie stellen die Frage, ob der Staat der einzige rechtmäßige Normensetzer innerhalb der Gesellschaft sein sollte. Jene, die gegen ein staatliches Monopol in Bezug auf Rechtsnormen sind, plädieren für den sogenannten Rechtspluralismus. Sie wenden sich gegen die Tradition eines Rechtszentralismus (engl. „legal centralism"), der auf den Vorstellungen des Nationalstaats beruht. Die Rechtspluralisten plädieren für eine Vielzahl von Normenproduzenten. Gemäß ihrer Auffassung besitzt der Staat kein Monopol auf die Rechtslegung (Kemper/ Reinkowski 2005). Der Rechtpluralismus ist in starkem Masse geprägt vom kulturellen Relativismus, da er verschiedene kulturell-ethnische Rechtssysteme als gleichwertig anerkennt. (Juliane Kokott, 2004). Der Schweizer Sozialanthropologe Christian Giordano (Universität Freiburg) gehört zu dieser Kategorie (Giordano 2008).[4]

---

[4]   Siehe dazu Website Bundesrat, Medienmitteilungen: Stellungnahme der Eidgenössischen Kommission gegen Rassismus vom 23.1.2009 „EKR für offene Debatte ohne Beschuldigungen". Online:
https://www.admin.ch/gov/de/start/dokumentation/medienmitteilungen.msg-id-25013.html
(Zugriff am 19.10.2016) (Anm.d.Hg.).

Nicht zuletzt aus dieser wissenschaftlichen Debatte heraus sind die Rufe zur Einführung von Elementen des islamischen Rechts im westlichen Rechtssystem hervorgegangen.

Das weitverbreitete Unbehagen und die Ängste in der hiesigen Bevölkerung versuchen diese Gruppen wie auch islamische Organisationen dadurch zu beschwichtigen, indem sie argumentieren, dass die Einführung islamischen Rechts nur zivilrechtliche und Familienangelegenheiten beeinflussen würde. Zudem betonen sie, dass die hier geltenden Prinzipien der Achtung der Menschenrechte und der Gleichberechtigung nicht tangiert würden. Diese Argumentation ist aus meiner Sicht falsch, aus zwei Gründen:

1. Sie blendet die weit zurückreichende Auseinandersetzung zu diesem Thema in den islamischen Gesellschaften und damit den historischen Kontext aus.
2. Es ist schlicht nicht möglich, islamisches Gesetz in der Familiendomäne einzuführen, ohne die Grundsätze der Menschenrechte und Gleichberechtigung zu verletzen.

Ich beginne mit dem ersten Punkt. Die Argumentation der Rechtspluralisten ignoriert den kritischen Diskurs über das islamische Gesetz, der in arabischen und islamischen Gesellschaften in der Mitte des 19. Jahrhunderts begonnen hat, und der stets sowohl die Geschlechterfrage wie auch die Problematik des islamischen Gesetzes in Familienangelegenheiten beleuchtete.

Zahlreiche arabische und islamische Intellektuelle und Schriftsteller, sowohl Männer als auch Frauen, haben die Geschlechterfrage in ihren Gesellschaften thematisiert und dabei betont, dass die Emanzipation der Frau eine Bedingung für die Entwicklung der Gesellschaft ist. Die Emanzipation könne jedoch nicht erreicht werden, ohne die Gesetze, die das Leben der Frauen regeln, d.h. die Familiengesetze, zu ändern.

Im arabischen Raum war der Ägypter Qasim Amin (1865-1908) mit seinem 1899 veröffentlichten Buch Tahrir Al-Mar`ah („Emanzipation der Frauen"; dt. Amin 1992) der Erste, der dieses Anliegen in einer allgemeinen Form artikulierte.

Der tunesische Scharia-Gelehrte aṭ-Ṭāhir al-Ḥaddād (1899-1935) war andererseits der Erste, welcher ausdrücklich auf das islamische Gesetz als Problemquelle und auf die Notwendigkeit zur Anpassung hinwies. In seiner Schrift Imra'atunā fī š-šarī'a wa-l-muǧtama' („Unsere Frauen in Shari'a und Gesellschaft") von 1930 schrieb al-Ḥaddād: „Obwohl die Koran-Verse aus historischen Gründen den Mann privilegieren, sollte dies keine Hindernis sein, die Prinzipien des Gleichberichtigung und der sozialen Gleichheit zu akzeptieren". Er verlangte deshalb Reformen im Familiengesetz:

• Frauen sollten den Männern zivilrechtlich gleichgestellt sein.
• Das Mindestalter für die Ehe sollte auf 18 Jahre festgesetzt werden.
• Im Falle einer Scheidung sollten zivile Gerichte zwischen Ehemann und Ehefrau entscheiden.

• Die Polygamie sollte abgeschafft und die Gleichberechtigung in Erbschaftsangelegenheiten eingeführt werden.

Basierend auf diesem Buch und im Gefolge der Türkei änderte Tunesien unter Präsident Bourguiba 1956 das Familiengesetz, indem dessen religiöse Grundlage durch einen zivilrechtlichen Code ersetzt und alle Forderungen al-Ḥaddāds übernommen wurden, mit Ausnahme der Gleichstellung von Mann und Frau in Erbschaftsangelegenheiten. Die Reform wurde dadurch begründet, dass alle Bemühungen zur Modernisierung der tunesischen Gesellschaft vergeblich wären, ohne etwas gegen den inferioren Status der Frau innerhalb der Familie zu unternehmen. Die Änderung des Familiengesetzes war ein Schritt in dieser Richtung.

75 Jahre nach al-Ḥaddād hat das Entwicklungsprogramm der UNO im „Arab Human Development Report" den Status der Frauen in arabischen Gesellschaften umfassend und detailliert untersucht und ist dabei zu denselben Erkenntnissen gelangt. Der Bericht aus dem Jahre 2005 zeigt drastisch, dass viele arabische Frauen weiterhin für eine gerechte Behandlung kämpfen müssen, weil sie Opfer sind der Willkür der Behörden, von diskriminierenden Gesetzen, sowie chauvinistischen Männern und traditionsverbundenen Verwandten, welche über sie bestimmen (UNDP 2006). Der Bericht sagt unmissverständlich, dass islamische Familiengesetze die Frauen benachteiligen und deshalb angepasst werden sollten. Ich zitiere:

"Die Gesetzgebung in den meisten arabischen Ländern weist ein gravierendes Defizit in der Gleichstellung von Frauen und Männern im Familienrecht auf. Die Vorstellung, dass Männer die Aufpasser der Frauen sind und Herrschaft über sie haben, ist Bestandteil der heiligen islamischen Schrift. Dies hat in rechtlicher Hinsicht dazu geführt, dass Gesetze erlassen wurden, die verlangen, dass Ehemänner ihre Frauen finanziell unterstützen, die den Gehorsam der Ehefrau gegenüber dem Mann einfordern, die allein den Männern das Recht einräumen, eine Scheidung zu verlangen, und die Männern das Recht gibt, auf die Rückkehr ihrer Frauen zu pochen im Fall einer widerrufbaren Scheidung" (UNDP 2006, S. 191).[5]

Im selben Bericht wird das tunesische Familiengesetz als ein einziges Modell in der arabischen Welt zur Förderung der Gleichheit in Familienbeziehungen bezeichnet, und zwar weil *„das tunesische Gesetz archaische Interpretationen der Scharia, die den Rechten der Frauen zuwider läuft, vermeidet"* (UNDP 2006, S. 193). Zugleich ist es auch *„das einzige arabische Familiengesetz, das für alle Staatsbürger des Landes ohne Rücksicht auf die Religionszugehörigkeit gilt"* (UNDP 2006, S. 194).

Die Autoren dieses Berichts stammen übrigens nicht aus dem Westen, sondern sind ausschließlich arabische Experten, die sich nicht scheuen, das Problem bei seinem Namen zu nennen, nämlich, dass die Scharia-basierten islamischen Familiengesetzte die Frauen diskriminieren. Ebenso klar ist ihre Aussage, dass Frauen-

---

[5] Im Original Englisch (Anm. d. Hg.).

rechte universal sind und dass eine Reform der geltenden Familiengesetze in Übereinstimmung mit der UNO-Konvention zur Beseitigung jeder Form von Diskriminierung der Frauen dringend notwendig ist.

Das bringt mich zur zweiten problematischen Seite in der Argumentation derjenigen, die die Einführung islamischer Gesetze in die europäischen Rechtssysteme befürworten: Es ist ganz einfach nicht möglich, islamisches Gesetz in Familienangelegenheiten zu tolerieren, ohne auch in Kauf zu nehmen, dass grundlegende Menschenrechte verletzt werden. Das traditionelle islamische Recht beruht auf der Ungleichheit der Geschlechter, und beschränkt die Rechte der Frauen:

• bei der Eheschließung;
• in Bezug auf den Status innerhalb der Ehe;
• im Fall einer Scheidung; und
• in Bezug auf den nachehelichen Unterhalt.

Dies wird sehr deutlich, wenn wir die Bestimmungen des UNO-Frauenrechtsübereinkommens und derjenigen des islamischen Rechts vergleichen (Tabelle 1).

In Großbritannien, wo staatlich sanktionierte Scharia-Schlichtungskommissionen eingeführt wurden, zeigen sich die gravierenden Konsequenzen in aller Schärfe, wenn rechtlich zweierlei Maß zur Anwendung kommt. Ein Schlichtungsgesetz von 1996 erlaubt es dort religiösen und kulturellen Gruppierungen, ihre familiären und zivilen Streitigkeiten durch eine private Kommission verbindlich zu regeln. Basierend auf diesem Gesetz wurden in fünf britischen Städten Scharia-Gerichte zugelassen. Ihre Entscheidungen werden durch die staatlichen Gerichte im Rahmen des sog. „Muslim Arbitration Tribunals" durchgesetzt.

Eine im Jahr 2009 publizierte Studie hat nun gezeigt, dass es bereits 85 Scharia-Gerichte gibt, die tatsächlich gesetzeswidrige Entscheide fällen, hauptsächlich was die Frauenrechte in Familienangelegenheiten betrifft (MacEoin/ Green 2009).

Das ist der Grund, warum ich keinerlei Sympathie habe für diejenigen Stimmen, die islamisches Gesetz in Familienangelegenheiten in Europa zulassen möchten. Frauen und Kinder wurden dadurch diskriminiert. Es ist darum sehr wichtig, sich der Konsequenzen von solchen Forderungen bewusst zu werden, um zu verstehen, wie gefährlich sie für die Gleichstellung von Frauen und Männern und die Rechte von Frauen und Kindern sind. Im Grunde fordern die Rechtspluralisten nichts weniger als die Legitimation systematischer Diskriminierung gegen Frauen und Kinder.

Es ist deutlich geworden, dass ich in dieser Debatte eine universalistische Position vertrete. Ich befürworte einen säkularen Staat, einen Laizismus, der klar und deutlich für die Trennung zwischen Staat und Religion einsteht, sowie Gesetze, die alle Einwohner und Einwohnerinnen gleich behandeln und für alle Bürger und Bürgerinnen geltend sind. Aber damit das passieren kann, stellt sich die Frage, ob die Mehrheitsgesellschaften bereit sind, die Minderheit nach dem Gleichheitsprinzip zu behandeln. Das bedeutet, dass die Mehrheit der Bevölkerung ihrerseits die

CEDAW, Artikel 16	Islamisches Recht
1. a) gleiches Recht auf Eheschließung 1. b) gleiches Recht auf freie Wahl des Ehegatten, sowie auf Eheschließung nur mit freier und voller Zustimmung	* Der Mann kann bis zu vier Frauen gleichzeitig heiraten; die Frau kann nur einen Mann heiraten. * Der Mann kann eine Christin oder eine jüdische Frau heiraten; nicht-muslimische Ehemänner von muslimischen Frauen müssen konvertieren. * Zustimmung des männlichen Vormunds ist nötig (Ausnahme bildet die hanafitische Rechtsschule) * Statusgleichheit als Voraussetzung für die Eheschließung (*kafā'a*)
1. c) gleiche Rechte und Pflichten in der Ehe und bei deren Auflösung	* unbeschränktes Recht des Mannes auf einseitige Scheidung (*ṭalāq*) * Die Frau muss beweisen, dass ihr Mann sie misshandelt, oder sie muss finanzielle Rechte aufgeben.
1. f) gleiche Rechte und Pflichten in Fragen der Vormundschaft, Pflegschaft, Treuhandschaft und Adoption von Kindern oder ähnlicher Einrichtungen, soweit das innerstaatliche Recht derartige Rechtsinstitute kennt; in jedem Fall haben die Interessen der Kinder Vorrang.	* Der Vater hat die Vormundschaft für die Kinder (in der Ehe oder nach einer Scheidung).
1. g) dieselben persönlichen Rechte für die Ehegatten, einschließlich des Rechts auf Wahl des Familiennamens, eines Berufs und einer Beschäftigung	* Die Frau behält ihren Familiennamen, wenn sie heiratet. * Die Frau braucht die Zustimmung ihres Mannes, um zu arbeiten (außer wenn sie dies als Bedingung im Ehevertrag erwähnt hat).
1. h) gleiche Rechte beider Ehegatten hinsichtlich Eigentum, Erwerb, Bewirtschaftung, Verwaltung, Nutzung und Verfügung über Vermögen – gleichgültig, ob diese Rechte unentgeltlich oder entgeltlich sind	* Die Frau kann Eigentum kaufen oder verkaufen. * Im Fall einer Scheidung geht die Frau leer aus bzw. erhält für 3 Monate Alimente, wenn sie keine Kinder hat (*mahr* und *mouakhar*)
2. Die Verlobung und Verheiratung eines Kindes hat keine Rechtswirksamkeit; es werden alle erforderlichen Maßnahmen – einschließlich der Erlassung von Rechtsvorschriften – unternommen, um ein Mindestalter für die Ehefähigkeit festzulegen und die Eintragung der Eheschließung in ein offizielles Register zur Pflicht zu machen	* Eheschließung eines Kindes ist möglich

Tabelle 1: Vergleich UN-Konvention zur Beseitigung jeder Form der Diskriminierung der Frauen (CEDAW) – islamisches Recht

Quelle: Konvention zur Beseitigung jeder Form der Diskriminierung (UNO 1979)

Pflicht hat, die Würde muslimischer Immigranten zu respektieren, sie als ihresgleichen zu behandeln und sich klar zu machen, dass Ausländer sein nicht bedeutet, „unterlegen" zu sein.

Dieses Gleichheitsprinzip verlangt dabei nicht Toleranz, sondern Akzeptanz. Ich erwarte von Menschen mit unterschiedlichem Hintergrund, die an einem Ort zusammenleben, Akzeptanz. Ich will akzeptiert werden so wie ich bin. Sich gegenseitig zu akzeptieren bedeutet, dass Unterschiede der Hautfarbe, der Rasse, des Geschlechts, der Religion und der Ansichten in unserem Verhalten gegenüber anderen keine Rolle spielen. Anders zu sein bedeutet nicht, als Mensch weniger wert zu sein. Schon allein die Tatsache, dass wir als Menschen geboren sind, verleiht uns den Status der Gleichheit. Das ist der Kern der Allgemeinen Erklärung der Menschenrechte von 1948. Wir sind gleich. Und als Gleiche sollten wir einander mit Respekt begegnen – mit aufrichtigem Respekt, nicht mit widerwilligem.

Doch es geht nicht allein um diesen Gleichheitsstatus. Daran sind Bedingungen geknüpft. Die wichtigste ist, dass jeder akzeptieren sollte, dass es allgemeingültige Normen und Werte gibt, die für jeden Menschen gelten, ungeachtet seiner Hautfarbe, seiner Rasse, seines Geschlechts, seiner Religion oder seiner Überzeugungen. Rechte gehen mit Verpflichtungen einher.

Das ist der Teil, den viele europäische Länder vergessen zu haben scheinen, wenn sie es mit manchen Minderheiten zu tun haben. Ich hoffe, dass es mit den drei Prinzipien, die ich erwähnt habe, möglich sein wird, eine Assimilation der Migranten zu erreichen, die besagt: Menschenrechte und Säkularismus kommen zuerst.

Literatur

Amin, Qasim (1992): Die Befreiung der Frau. Aus dem Arabischen übertragen von Oskar Rescher. Bearbeitet und mit einer Einführung von Smail Balic. Würzburg/Altenberge.

Baumann, Martin/ Stolz, Jörg (Hg.) (2007): Eine Schweiz – viele Religionen. Risiken und Chancen des Zusammenlebens. Bielefeld.

Beglinger, Martin (2009): Die Europäische Revolution, in: Das Magazin, 44.

Giordano, Christian (2008): Rechtspluralismus: ein Instrument für den Multikulturalismus?, in: Tangram (Zeitschrift der Eidgenössischen Kommission gegen Rassismus) Nr.22, Dezember 2008 (in italienischer Sprache).

Kemper, Michael/ Reinkowski, Maurus (Hg.) (2005): Rechtspluralismus in der islamischen Welt: Gewohnheitsrecht zwischen Staat und Gesellschaft. Berlin.

MacEoin, Denis/ Green, David G. (eds.) (2009): Sharia Law or ‚One Law for All'. London, Civitas-Institute for the Study of Civil Society. Online: http://www.civitas.org.uk/content/files/ShariaLawOrOneLawForAll.pdf

Schulze, Reinhard (2001): Westeuropäische Varianten der Säkularisierung. Anmerkungen zu den Beiträgen von Ramadan und Modood, in: Hartmann, Thomas/ Krannich, Margret (Hg.), Muslime in säkularen Rechtsstaat, Berlin, S. 97-102.

UNDP (2006): The Arab Human Development Report 2005: Towards the Rise of Women in the Arab World. New York. Online: http://www.arab-hdr.org/publications/other/ahdr/ahdr2005e.pdf

Waardenburg, Jacques (2004): Diversity and Unity of Islam in Europe: Some Reflections, in: Malik, Jamal (ed.), Muslims in Europe: From the Margin to the Centre. Münster, S. 21-34.

Entgrenzte Konflikte.
Gesellschaftliche Prozesse rund um die Inklusion der europäischen Muslime am Beispiel der Moscheebaukontroversen

Ernst Fürlinger

Einleitung

Konflikte und Debatten rund um den Bau von repräsentativen Moscheen sind bereits seit etwa 40 Jahren Teil der politischen Landschaft Westeuropas. Sie haben aber in den letzten 15 Jahren eine neue Intensität und Heftigkeit erreicht. Diese spezifischen Kontroversen bilden meines Erachtens einen der Kristallisationspunkte für die grundlegende gesellschaftliche und politische Auseinandersetzung mit der historischen Herausforderung der Inklusion muslimischer Bevölkerungsgruppen in Europa und die Garantie der Religionsfreiheit für die muslimische Bevölkerung. D.h. es geht um weit mehr als um Architektur von Moscheen oder die Höhe von Minaretten. Die Moscheebaukonflikte können verstanden werden als öffentliche Foren, auf denen die Gesellschaft im institutionellen Rahmen des Nationalstaats die Frage der Zugehörigkeit oder des Ausschlusses der muslimischen Minderheit verhandelt und eine Antwort auf die Frage gegeben wird, ob die religiös Verschiedenen als normativ Gleiche behandelt werden. In den Konflikten über den Moscheebau und damit über das Sichtbarwerden des Islam als neuer Teil der religiösen Landschaft der Nation erfolgen Grenzziehungsprozesse, in denen die Abgrenzung zwischen Mehrheit und Minderheit, „Wir" und „Sie" und gleichzeitig die Vorstellung und Identität der nationalen Gemeinschaft teilweise erneuert und verstärkt, teilweise aber auch in Frage gestellt und verändert wird.

Hier besteht meiner Meinung nach ein Zusammenhang mit dem Phänomen einer neo-salafistischen Jugendkultur in Westeuropa, die den Boden für Radikalisierungsprozesse in Richtung des neo-salafistischen Djihadismus darstellt, sich zum Teil damit überschneidet. Zweifellos ist ein Bündel von Faktoren für diese Radikalisierungsprozesse verantwortlich, müssen die spezifisch wirksamen Faktoren und Verläufe in jedem individuellen Fall sorgfältig untersucht werden, u.a. das Fehlen der Vaterfigur in zerbrochenen Familien, mangelnde religiöse Bildung, prekäre soziale Verhältnisse, biographische Krisen wie Verlust einer Bezugsperson usw., die in Verbindung mit weiteren äußeren Faktoren zur Anfälligkeit für radikales Denken und Fanatismus beitragen können. In vielen Fällen spricht etwas dafür, dass der Einstieg in eine Radikalisierungs- oder Fanatisierungsspirale auch mit Erfahrungen von Abwertung, Diskriminierung, sozialer Exklusion von Jugendlichen aus Familien muslimischer Zuwanderer nach Westeuropa zu haben könnte (s. beispielsweise Wiktorowics 2005; Slootman/Tillie 2006; Neumann 2015, S. 112ff, Kepel 2016). Es hat auch mit ihrem prekären Ort in der Gesellschaft zu tun, wenn Jugendliche und junge Menschen die neo-salafistische Jugendkultur als Möglichkeit ergreifen, Anerkennung und Sicherheit zu gewinnen, zu einer Gemeinschaft dazuzugehören. Die vom gesellschaftlichen Umfeld stark in Frage gestellte, abgewertete oder abgelehnte muslimische Identität wird von ihnen in eine starke, klare Identität umgewertet, mit der man überdies die Gesellschaft provozieren und ihr sogar Angst einjagen kann.

An dieser Stelle sollen zwei gegenwärtige soziale Prozesse in Europa, die meistens getrennt voneinander betrachtet werden, zusammen gesehen werden. Das soziale Phänomen der Entwicklung neo-salafistischer Milieus und einer radikalen djihadistischen Szene in Europa zwingt uns dazu, eine Perspektive auf die Moscheebaukonflikte, die v.a. in der Schweiz und Österreich die Islamdebatte dominieren, oder auf die Kopftuchkonflikte, die in Frankreich im Vordergrund stehen, einzunehmen, die wir meines Erachtens bisher gesellschaftlich aber auch in der Forschung vernachlässigt haben: Welche reaktiven Prozesse und Entwicklungen lösen die staatlichen Beschränkungen der Religionsfreiheit – in Form von Kopftuchverboten, Minarettbauverboten, Schächtverboten usw. in verschiedenen Ländern – unter Muslimen selbst aus? Was macht es mit Menschen, die sich in unterschiedlicher Weise zum Islam gehörig verstehen, wenn sie behördliche Behinderungen beim Moscheebau, massive Demonstrationen rechtspopulistischer Bewegungen gegen Moscheebau und islamfeindliche Diskurse in der Öffentlichkeit erleben? Wie wird in der nicht-muslimischen Mehrheitsbevölkerung die sich verstärkende Ent-Differenzierung von Islam und islamistischem Extremismus von muslimischen Bürgern erlebt? Welche Reaktionen rufen diese sozialen Vorgänge vor allem in der zweiten und dritten Generation hervor, die bereits in Europa aufgewachsen sind und die ihre gleichen Bürgerrechte bei gleichzeitiger Beibehaltung ihrer religiösen und kulturellen Differenz beanspruchen? Diese wechselseitige Dynamik zwischen den Grenzziehungsprozessen der Mehrheit und jenen der Minderheit stärker zu berücksichtigen und zu erforschen, wird uns durch die aktuellen sozialen Zuspitzungen und Polarisierungen mehr oder weniger aufgezwungen. Gilles Kepel hat diese Zusammenhänge zwischen der sozialen Problematik in den Vorortvierteln Frankreichs, von der die Nachkommen der ehemaligen Migranten aus Nordafrika betroffen sind, und dem Anschluss tausender junger Franzosen an die djihadistische Bewegung äußerst eindringlich analysiert (Kepel 2016). Er vertritt sehr klar die These, dass eine „Islamisierung" und Radikalisierung von Teilen der Protestbewegung in den Banlieues 2005 mit versäumten Maßnahmen zu tun hat, jungen Franzosen aus muslimischen Migrantenfamilien politische Partizipation und soziale Inklusion zu ermöglichen. Zu diesen versäumten Chancen gehört aus seiner Sicht, dass die damalige konservative Regierung statt mit kluger Stadtentwicklungs- und Sozialpolitik in den Brennpunkten Frankreichs vorwiegend mit einer Versicherheitlichung und repressiven Maßnahmen reagierte.

Mehrdimensionaler Analyserahmen

Die Konflikte und Debatten rund um den Ausbau der muslimischen Infrastruktur in Europa in den letzten Jahren illustrieren sehr deutlich die Schwierigkeiten, den Muslimen das Recht auf Religionsfreiheit zu gewähren in einem gesellschaftlichen Kontext, in dem der Islam von einem wachsenden Anteil der Mehrheitsbevölkerungen in den europäischen Ländern sehr negativ betrachtet und vor allem mit Gewalt, Fanatismus und Terror assoziiert wird (s. beispielsweise: Pollack et al. 2014; Bertelsmann-Stiftung 2015). An diesem Ort werde ich nicht auf die einzelnen Moscheebaukonflikte in Österreich und ihre phasenweise Entwicklung eingehen (s. Fürlinger 2013). Mir geht es hier um den Aufweis, dass eine Analyse der sozialen und politischen Prozesse, die in diesen Konflikten wirksam werden, nicht auf eine bestimmte Gruppe von Faktoren beschränkt werden darf. Man würde so der Komplexität und Mehrdimensionalität dieser Konfliktlagen nicht gerecht werden. Vielmehr ist ein mehrdimensionaler Analyserahmen nötig, der mehrere Konfliktsysteme und Konfliktfaktoren auf der Makroebene, Mesoebene und der Mikroebene verbindet. Es geht darum analytisch aufzuzeigen, inwiefern diese Ebenen miteinander verschränkt – also „glokal" sind, um es mit einem Kunstwort von Robert Robertson (Robertson 1998) zu sagen – und in einem konkreten lokalen Moscheebaukonflikt wirksam werden. Damit wird am Beispiel Moscheebaukonflikte in Österreich illustriert, welche Folgen die umfassenden Prozesse der Globalisierung und der damit verbundene soziale Wandel für die Erforschung von Phänomenen im religiösen Feld mit sich bringt. In durchdringend globalisierten Gesellschaften wird ein „methodologischer Nationalismus" in der religionssoziologischen Forschung, der transnationale und globale Prozesse ausblendet, obsolet. Im Rahmen dieser kurzen Darstellung können die einzelnen Dimensionen nur kurz angezeigt werden (s. dazu Fürlinger 2013, Kap. VII). Es soll dadurch deutlicher werden, innerhalb welch komplexer Konstellationen gegenwärtig die Frage der Ausübung der Religionsfreiheit der Muslime in Europa ausgehandelt wird bzw. das Grundrecht auf Religionsfreiheit im Fall der europäischen Muslime unter Druck gerät.

Makroebene:
Globale Konflikte

Beginnen wir mit den Konfliktsystemen auf der Makrobene, die für die Moscheebaukonflikte z.B. in Österreich relevant sind. In Auseinandersetzung mit der europäischen kolonialen Herrschaft und als innermuslimischer Reformversuch entwickelte sich ab Ende des 19. Jahrhunderts die Bewegung des Neo-Salafismus und ab den 1920er Jahren – im Kontext des europäischen Faschismus – eine Politisierung des Islam, vor allem in Form der Gründung des Ikhwan, der Muslimbruderschaft in Ägypten. Mit dem Scheitern der politischen Projekte des arabischen Nationalismus und Sozialismus, die man nach der Unabhängigkeit umsetzen wollte, erfolgte ab den 1970er Jahren der Aufstieg des Islamismus in verschiedenen Teilen der islamischen Welt, der in der schiitischen Islamischen Revolution im Iran 1979 gipfelte (s.u.a. Haddad/ Voll/ Esposito 1991; Sutton/ Vertigans 2008). Ab den 1980er Jahren entwickelte sich die djihadistische Ideologie und Mobilisierung rund um den Afghanistankrieg und die Bewegung der Auslandskämpfer (s.u.a. Hegghammer 2011) – also der Vorgänger der Gruppen, die heute nach Syrien und in den Irak reisen, um sich den djihadistischen Organisationen anzuschließen. Aus der Bewegung der „foreign fighters" in Afghanistan ging dann Anfang der 1990er Jahre die Organisation „al-Qaida" hervor.

Nach 2001 und vor allem nach dem Einmarsch in den Irak 2003 hat sich die globale djihadistische Bewegung dezentriert und diversifiziert (vgl. Hegghammer 2006). Die öffentliche Wahrnehmung des Islam im Westen ist von diesen globalen politischen Entwicklungen dominiert. Die Religion des Islam als ganze wird in großen Teilen der Bevölkerung der westlichen Länder sehr stark mit diesen extremistischen Bewegungen innerhalb der islamischen Welt assoziiert – nicht zuletzt als Wirkung eines politischen Diskurses v.a. rechtspopulistischer Parteien in den letzten Jahrzehnten, die eine Differenzierung bewusst unterlaufen.

Dieser negative Deutungsrahmen wurde seither durch die jüngeren Entwicklungen im Irak und in Syrien, vor allem durch die Terroranschläge in Europa ab 2004 und den Aufstieg des IS im Irak und in Syrien ab 2014 noch einmal enorm verstärkt. Hier werden die Schattenseiten der Globalisierung in Form einer Entgrenzung von Konflikten wirksam – wie etwa im Fall des Einmarsches der USA im Irak 2003, der zu einem Aufschwung der djihadistischen Bewegungen führte, die auch nach Europa zurückwirkt, oder im Fall des Syrienkrieges, der über die Fluchtmigrationen aus den Kriegsgebieten nach Europa oder Anschläge des IS in Europa die gesellschaftliche und politische Situation der europäischen Länder und der EU insgesamt außerordentlich tiefgreifend beeinflusst. So stellen für identitäre rechtspopulistische und -radikale Bewegungen und Parteien in Europa die Mobilisierung des globalen Djihadismus und die dadurch ausgelösten Ängste eine Gelegenheitsstruktur dar, ihr politisches Framing der Krise stärker durchzusetzen und in die gesellschaftliche Mitte weiter vorzudringen.

Lokale Moscheebauprojekte in Österreich von ehemaligen Arbeitsmigranten aus der Türkei sind von diesen entgrenzten Konflikten auf der globalen Ebene direkt beeinflusst. In vielen Fällen werden lokale muslimische Gemeinschaften innerhalb dieses negativen Deutungsrahmens oder Feindbildes „Islam" wahrgenommen und als Teil eines imaginierten homogenen islamischen Blocks betrachtet – unabhängig davon, welcher Richtung oder Organisation der konkrete Moscheeverein angehört. Das dominierende feindliche Bild des Islam wird von vielen auf die lokale Gemeinschaft projiziert. Lokale Behörden und Politiker beschäftigen sich dann im Fall eines Antrags auf den Bau einer Moschee in ihrer Gemeinde nicht nur mit baurechtlichen und planerischen Fragen, sondern häufig mit der Gefahr des militanten Islamismus und den Folgerungen daraus für das konkrete Bauprojekt, auch wenn der konkrete Antragsteller nichts damit zu tun hat und der betreffende Moscheeverein oft bereits Jahrzehnte in der Gemeinde aktiv war, ohne dass es zu Problemen mit Militanz oder Extremismus gekommen wäre. Für rechtspopulistische Parteien und Gruppen ist es in diesem Kontext relativ leicht, eine „Politik der Angst", von der die Philosophin Marta Nussbaum (Nussbaum 2014) spricht, zu kultivieren, Gerüchte zu verbreiten, bestehendes Misstrauen noch zu verstärken und von dieser Form der „Ethnopolitik", die ethnisch-religiöse Faktoren in den Raum des Politischen einbringt und sie bewirtschaftet (s. Rothschild 1981), bei Wahlen zu profitieren. Hier wird die Globalisierungsdynamik direkt greifbar: Das Globale und Lokale sind miteinander in komplexer Weise verschränkt. Das Globale ist keineswegs das Gegenteil des Lokalen, vielmehr wird der Globalisierungsprozess zu einer Dimension des Lokalen. Umgekehrt wird das Lokale zu einem Element des Globalen, wenn sich z.B. islamistische oder salafistische Organisationen in muslimischen Ländern auf die Moscheebaukonflikte in Europa und das Minarettbauverbot in der Schweiz beziehen als angeblichen Beleg für die panislamistische ideologische Überzeugung, dass sunnitische Muslime Opfer westlicher Repression seien, der „Westen" den „Islam" zerstören wolle und sich Muslime in militanter Form wehren müssten.

Mesoebene:
Nationales Migrationsregime, transnationale Spannungen

Ich gehe nun auf Konfliktsysteme auf der Meso-Ebene ein, die die Auseinandersetzungen rund um Moscheebau in Österreich beeinflussen. Auf dieser Ebene sind u.a. die politischen Beziehungen zwischen Österreich und der Türkei relevant sowie jene Konfliktdynamiken, die einer spezifischen Form des Migrationsregimes der 1960er und 70er Jahre immanent sind, die als „Gastarbeitersystem" bezeichnet wurde.

Beim „Gastarbeitersystem" handelt es sich um ein Migrationssystem, dass gekennzeichnet ist durch eine strikte zeitliche Begrenzung des Aufenthalts der Arbeitsmigranten, sowie durch einen restriktiven Zugang zur Staatsbürgerschaft, zum Arbeitsmarkt und zu politischen Rechten (s. Castles/ de Haas/ Miller 2014). Das Rotationssystem als Ganzes war auf die Verhinderung der Ansiedlung und Integration der Migranten aus der Türkei und Exjugoslawien ausgerichtet. Mit dem Scheitern dieses Systems kam es zu einer ungesteuerten, chaotischen und unerwünschten Ansiedlung der Arbeitskräfte und ihrer Familien, die nachgeholt wurden. Eine massive Zuwanderung erfolgte im Fall Österreichs in einem Aufnahmeland, das sich selbst nicht als Zuwanderungsland verstand. Meine These lautet, dass in diesen Konflikten rund um den Ausbau der muslimischen Infrastruktur in einem katholisch geprägten Land einerseits die Langzeitfolgen, aber auch die grundlegende Logik des „Gastarbeitersystems" weiterhin wirksam sind. Teile der Politik, der Administration und der Gesellschaft betrachten die Frage der Errichtung muslimischer Infrastrukturen nicht normativ im Rahmen des Rechtsstaats, als Inanspruchnahme von Grundrechten, sondern als Gefährdung der kulturellen Identität der Nation und als Provokation, auf die mit einer Politik der „kulturellen Verteidigung" und der ethnisch-religiösen Grenzziehung reagiert wird. Auch wenn die ehemaligen türkischen und jugoslawischen Arbeitsmigranten bereits über 50 Jahre hier leben und der größere Teil von ihnen bereits die österreichische Staatsbürgerschaft innehat, werden sie nach wie vor als Fremde aus der Imagination der nationalen Gemeinschaft ausgeschlossen. Sie verstören als Fremde, die weder dem Außen noch dem Innen der Nation zugeordnet werden können (s. Bauman 2005). Der Moscheebau wird nun zu einem Brennpunkt dieser Verhandlungsprozesse rund um Fragen der nationalen, kulturellen Identität, weil in ihm physisch manifest wird, dass die Fremden keine Gäste auf Zeit, sondern Teil der Gesellschaft und aus einer normativen Sicht neue Bürger/innen mit gleichen Rechten geworden sind. Die Bauten muslimischer Gemeinschaften, die den öffentlichen Raum und die Religionslandschaft verändern, machen die Emanzipation und den sozialen Aufstieg der ehemaligen Migranten auf physische, unübersehbare Weise konkret. Sie zerstören die Illusion der Mehrheitsgesellschaft, dass die religiöse, ethnische, kulturelle und sprachliche Pluralisierung nur ein temporäres Phänomen bilden würde. Die Moscheebaukonflikte nehmen so die Funktion öffentlicher Foren ein, auf denen – vielleicht zum ersten Mal in dieser Form seit Beginn der Zuwanderung – der soziale Wandel durch Migration und Globalisierung, die dauerhafte Präsenz einer muslimischen Bevölkerung usw. besprochen werden.

Massive Migrationsbewegungen können „ent-territorialisierte Nationen" hervorbringen, wie im Fall der Türkei: Rund 4 Millionen ihrer Bürger leben aufgrund verschiedener Migrationsprozesse seit den 1960er Jahren in westeuropäischen Ländern. Der türkische Nationalstaat betrachtet sie als exterritorialer Teil der türkischen Nation und betont seine Verantwortung und Schutzfunktion für die auswärtige „türkische Gemeinschaft", selbst wenn diese – wie im Fall Österreichs – großteils aus Personen besteht, die bereits die Staatsbürgerschaft ihres Aufnahmelandes angenommen haben. Auf der anderen Seite betrachtet die Regierung des Aufnahmelandes diese aufrecht erhaltenen und permanenten transnationalen Beziehungen auf privater, wirtschaftlicher und politischer Ebene als Hindernis für ihre Integration in das neue Land. In Österreich läuft seit Jahren eine intensive kritische öffentliche Debatte bestimmter Aspekte der türkischen Diaspora-Politik. Neuerliche Anlässe dafür bildeten etwa die Beteiligung von etwa 8000 Menschen türkischer Herkunft bei einer Pro-Erdogan-Demonstration in Wien im Juni 2013, im Kontext der Gezi-Park-Proteste in Istanbul, die von der „Union der Europäisch-Türkischen Demokraten" (UETD) in Osterreich organisiert wurde, oder die Pro-Erdogan-Demonstrationen von tausenden Menschen türkischer Herkunft nach dem Putschversuch in der Türkei am 16. Juli 2016 in Wien, die erneut eine breite innenpolitische Debatte auslösten.

Lokale Moscheebauprojekte in Österreich werden Teil dieser gespannten Beziehungen und heftigen öffentlichen Debatten, da der Hauptakteur der meisten Projekte der Dachverband ATIB bildet, der der Generaldirektion für Auswärtige Beziehungen des Amts für religiöse Angelegenheiten (Diyanet) und damit der türkischen Regierung in Ankara direkt untersteht. In den vergangenen Jahren entwickelte sich die Bestellung der Imame der 64 ATIB-Moscheen in Österreich durch das Diyanet zu einem der Hauptgegenstände der österreichischen Integrationspolitik und integrationspolitischen Debatte. Die Diskussion bezieht sich auf die Abhängigkeit des Dachverbands von der türkischen Regierung, auf die fehlenden Kenntnisse der türkischen Imame, was die österreichische Gesellschaft, also das soziale Umfeld der Moscheegemeinden betrifft, die mangelhaften Deutschkenntnisse und den zeitlich befristeten Aufenthalt in Österreich. Hier besteht, nebenbei bemerkt, wieder ein Zusammenhang mit dem wachsenden Erfolg salafistischer Milieus und Prediger in europäischen Ländern, weil es den Imamen und den etablierten, konservativen Moscheeverbänden im Gegensatz zu den Salafisten vielfach nicht gelingt, die hier aufgewachsenen muslimischen Jugendlichen anzusprechen, sich auf ihre Fragen und ihre Lebenssituation einzustellen und islamisches Wissen auf Deutsch in einem zeitgenössischen Kontext zu vermitteln. Das Diyanet reagierte auf dieses Defizit mit der Einführung einer Verpflichtung für die Imame, vor ihrer Entsendung in deutschsprachige Länder Deutschkurse zu besuchen. Von mehreren Experten werden gerade die ATIB-Imame als theologisch moderat und als gut ausgebildet eingestuft.

Eine über Jahre dauernde Kampagne der FPÖ gerade gegen den Dachverband ATIB und dessen Moscheebauprojekte, seine anhaltende Diffamierung als „verlängerter Arm Erdogans in Wien" und als Bataillon radikaler Islamisten hat in der öffentlichen Debatte und Meinungsbildung sicherlich ihre Spuren hinterlassen. Diese politische Strategie lässt wenig Raum für eine sorgfältige, differenzierte Analyse der komplexen Beziehung zwischen der AKP-dominierten türkischen Regierung und dem Präsidium für religiöse Angelegenheiten, wie sie von empirischen Studien vorgelegt wird (s. Sunier et al. 2011).

Die bereits seit Jahren geführte Debatte über den größten muslimischen Dachverband in Österreich ATIB, in der sich Polemik und sachlich berechtigte Überlegungen fast unentwirrbar vermischen, führte schließlich zu einer der umstrittensten Regelungen im neuen österreichischen Islamgesetz vom 30. März 2015. Paragraph 6 Absatz 2 sieht vor: *„Die Aufbringung der Mittel für die gewöhnliche Tätigkeit zur Befriedigung der religiösen Bedürfnisse ihrer Mitglieder .hat durch die Religionsgesellschaft, die Kultusgemeinden bzw. ihre Mitglieder im Inland zu erfolgen"*, d.h. die Finanzierung des laufenden Betriebs der Moscheegemeinden aus dem Ausland ist verboten, kann aber – wie die erläuternden Bemerkungen zum Gesetzestext festhalten – auch über eine Stiftung im Inland erfolgen. Diese neue Regelung wurde vom Integrationsminister und vom Bundeskanzleramt, in dem das Kultusamt angesiedelt ist, mit der expliziten Intention vorgeschlagen, das System der Entsendung von Imamen nach Österreich durch das *Diyanet* zu beenden. Wie immer man diesen Vorgang bewerten will, sieht man an diesem Beispiel deutlich, wie die transnationale Dimension von Religionsgemeinschaften mit Interessen der nationalen Religionspolitik in Konflikt gerät. Das neue österreichische Islamgesetz entspricht dem generellen Bild der gegenwärtigen staatlichen Integrationspolitik in den letzten Jahren in Europa, was die muslimischen Minderheiten betrifft: Europäische Regierungen wenden eine zweipolige Politik an, in der Maßnahmen zur Inklusion und der Erweiterung religiöser Freiheit mit restriktiven Maßnahmen einer stärkeren Kontrolle muslimischer Praxis durch den Staat verbunden werden (s. Laurence 2012).

Mikroebene:
Spezifische lokale Faktoren

Kommen wir am Schluss zu Konfliktsystemen auf der Mikro-Ebene. Man kann auf dieser Ebene die sozialen Prozesse zum Umgang mit dem Recht auf Religionsfreiheit untersuchen, wie sie – seit dem Minarettstreit in Telfs 2005 – rund um die Errichtung von repräsentativen Moscheen oder Minaretten an verschiedenen Orten in Österreich ablaufen. Hier ist wichtig zu sehen, dass spefizische Bedingungen und Konstellationen auf der lokalen Ebene d.h. im jeweiligen Bundesland und Ort, den Verlauf der Konflikte beeinflussen. Wichtige politische Faktoren sind u.a. die jeweilige Regierungskonstellation im Bundesland und am Ort, die jeweilige Fraktionsstärke rechtspopulistisch orientierter Parteien oder die jeweilige Konkurrenz zwischen rechten Parteien vor Ort. An vielen Orten – von Telfs über Bludenz bis Wien – zeigt sich die Bedeutung von Einzelpersonen für den Verlauf solcher Konfliktprozesse, vor allem der Bürgermeister: Nehmen sie eine couragierte Position ein, die klar auf der Seite des Rechts steht, oder laufen sie mit einer populistischen „Politik der Gefühle" (Josef Haslinger) mit?

Eine wichtige Rolle spielt aber auch die Position von zivilgesellschaftlichen Akteuren jenseits der Parteipolitik, z.B. die Haltung des jeweiligen katholischen Diözesanbischofs als Repräsentant der dominierenden Religionsgemeinschaft vor Ort gegenüber den Muslimen und der Frage eines Moscheebaus, oder die Präsenz von Vertretern der Mehrheit, die versuchen, in diesen Konflikten klug zu vermitteln und zu einer Verständigung beizutragen, etwa Akteure aus dem Bereich der Integrationsarbeit oder des christlich-muslimischen Dialogs. Ebenso spielt die Qualität der lokalen Medien eine Rolle dafür, ob im Fall solcher Konflikte eine „kühle", maßvolle, abwägende und sachliche Zugangsweise oder ein „heißer", emotionalisierter, eskalierender Umgang dominieren, bei dem es nicht mehr um die Sache eines Bauprojekts geht, sondern um Ressentiments gegen eine umstrittene gesellschaftliche Minderheit.

Diese unterschiedlichen globalen, nationalen und lokalen Konstellationen wirken bei den gesellschaftlichen Prozessen, in denen es um die Ausübung der Religionsfreiheit der Muslime in Europa geht, in einer komplexen Weise zusammen. Es zeigt sich bei einer solchen mehrdimensionalen Analyse, dass eine einseitige, vereinfachende Interpretation der Moscheebaukonflikte in Österreich – die sie z.B. pauschal als Ausdruck von Islamfeindlichkeit und Muslime pauschal als Opfer von Islamophobie beschreibt – der komplexen sozialen Wirklichkeit und einer genauen Wahrnehmung nicht gerecht wird.

Literatur

Bauman, Zygmunt (2005): Moderne und Ambivalenz. Das Ende der Eindeutigkeit. Aus dem Englischen von Martin Suhr. Hamburg.

Bertelsmann-Stiftung (2015): Religionsmonitor – verstehen was verbindet. Sonderauswertung Islam. Zusammenfassung Online: http://www.bertelsmannstiftung.de/fileadmin/files/Projekte/51_Religionsmonitor/Zusammenf assung_der_Sonderauswertung.pdf

Castles, Stephen/ Miller, Mark J./ de Haas, Hein (2014): The Age of Migration: International Population Movements in the Modern World. New York, 5. Auflage.

Fürlinger, Ernst (2013): Moscheebaukonflikte in Österreich. Nationale Politik des religiösen Raums im globalen Zeitalter (Wiener Forum für Theologie und Religionswissenschaft 7). Göttingen.

Haddad, Yvonne Y./ Voll, John O./ Esposito, John L. (1991): The Contemporary Islamic Revival: A Critical Survey and Bibliography. New York.

Sutton, Philip W./ Vertigans, Stephen (2008): Resurgent Islam: A Sociological Approach. Cambridge.

Hegghammer, Thomas (2006): Global Jihadism After the Iraq War, in: Middle East Journal 60 (1), S. 11-32.

Hegghammer, Thomas (2011): The Rise of Muslim Foreign Fighters: Islam and the Globalization of Jihad, in: International Security 35 (3), S. 52-91.

Kepel, Gilles (2016): Terror in Frankreich. Der neue Dschihad in Europa. Aus dem Französischen von Werner Damson. München.

Laurence, Jonathan (2012): The Emancipation of Europe's Muslims: The State's Role in Minority Integration (Princeton Studies in Muslim Politics). Princeton.

Neumann, Peter R. (2015): Die neuen Dschihadisten. IS, Europa und die nächste Welle des Terrorismus. Berlin.

Nussbaum, Martha (2014): Die neue religiöse Intoleranz: Ein Ausweg aus der Politik der Angst. Darmstadt.

Pollack, Detlev/ Müller, Olaf/ Rosta, Gergely/ Friedrichs, Nils/ Yendell, Alexander (Hg.) (2014): Grenzen der Toleranz. Wahrnehmung und Akzeptanz religiöser Vielfalt in Europa (Veröffentlichungen der Sektion Religionssoziologie der deutschen Gesellschaft für Religionssoziologie). Wiesbaden.

Robertson, Roland (1998): Glokalisierung: Homogenität und Heterogenität in Raum und Zeit, in: Ulrich Beck (Hg.), Perspektiven der Weltgesellschaft. Frankfurt am Main: Suhrkamp, S. 192-220.

Rothschild, Joseph (1981): Ethnopolitics: A Conceptual Framework. New York.

Slootman, Mareike/ Tillie, Jean (2006): Processes of radicalisation. Why some Amsterdam muslims become radicals. University of Amsterdam, Institute for Migration and Ethnic Studies (IMES). Amsterdam.

Statistik Austria (2015): migration & integration. zahlen. daten. indikatoren 2015. Erstellt von Statistik Austria und Kommission für Migrations- und Integrationsforschung der Österreichischen Akademie der Wissenschaften. Wien.

Sunier, Thijl/ Landman, Nico/ van der Linden, Heleen/ Bilgili, Nazlı/ Bilgili, Alper (2011): Diyanet. The Turkish Directorate for Religious Affairs in a changing environment. Amsterdam. Online: http://www.fsw.vu.nl/en/Images/Diyanet_report_2011_tcm250-421402.pdf

Wiktorowics, Quintan (2005): Radical Islam Rising: Muslim extremism in the West. Lanham/Maryland.

2. HISTORISCHE ASPEKTE

Zur Geschichte der Religionsfreiheit

Richard Potz

Die Geschichte der Religionsfreiheit bewegt sich zwischen individueller Selbstbestimmung, Minderheitenschutz und dem Staatskirchenrecht, ich mache damit eine Anleihe beim Titel eines vor zehn Jahren erschienenen Sammelbandes (Grote/ Marauhn 2001). Hier wird bereits eine erste Besonderheit dieses Grundrechtes angesprochen, nämlich die enge Verbindung zwischen dem individuellen Recht auf Religionsfreiheit, das in die Geschichte der Menschenrechte gleichsam eingebettet ist, und den Gewährleistungen korporativer Grundrechte der Religionsgemeinschaften (historisch oft als „Kirchenfreiheit" bezeichnet), die ein Ergebnis der Geschichte des Verhältnisses von Staat und Kirche sind.

Religionsfreiheit ist ein wesentlicher Teil der Geschichte der Grund- und Freiheitsrechte bzw. der Menschenrechte. Damit meine ich nicht die berühmte, heute immer noch diskutierte These Georg Jellineks, dass „Religionsfreiheit" gleichsam das Ur-Grundrecht in der neuzeitlichen Geschichte der Grundrechte darstelle (Jellinek 1927). Jellinek wird zwar insoweit nicht gefolgt, als der Religionsfreiheit nicht als einer *„Art Keimzelle des Menschenrechtsgedankens aus sich heraus Macht über die geschichtliche Entwicklung zuzuschreiben"* ist. „Rechtshistorisch-formengeschichtlich" sind die rechtlichen Anerkennungen von Religions- und Gewissensfreiheit in den Charters für die amerikanischen Kolonien aus dem 17. Jahrhundert aber durchaus *„früheste Fassungen der staatlichen Garantien eines allgemeinen Menschenrechts"* (Hofmann 1995, S. 14). Jellinek hat insofern Recht, als die Pluralisierung der westlichen Christenheit eine notwendige Voraussetzung dafür war, dass – zuerst in den amerikanischen Kolonien – ein rechtlicher Freiraum für individuelle religiöse Betätigungen gesichert wurde. In diesem Kontext darf auch nicht übersehen werden, dass politische Unterdrückung und gesellschaftliche Diskriminierung häufig religiöse Dissidenten betroffen hat, sodass auch der Ruf nach anderen Menschenrechten oft in der zunehmenden religiösen Pluralisierung ihre Ursache hatte.

Es ist jedenfalls davon auszugehen, dass die als Folge der Reformation frühneuzeitlich in Gang gesetzte Beendigung der religiösen Einheit und die sich daraus ergebenden Impulse für die Ausbildung der staatlichen Souveränität als Überwinder konfessioneller Konflikte in West- und Mitteleuropa in einem Bedingungszusammenhang mit der Entwicklung von Grund- und Freiheitsrechten stehen. Und auch heute noch scheint die Forderung nach Religionsfreiheit einen besonderen Stellenwert zu haben, wird doch häufig der universale Anspruch der

Menschenrechte gerade in Verbindung mit Religionsfreiheit exemplarisch zur Sprache gebracht.[1]

In einer Geschichte der Religionsfreiheit gilt es des Weiteren aber auch deutlich zu machen, wie wichtig es ist, zwischen neuzeitlichen Freiheitsrechten und vor- bzw. frühneuzeitlichen Formen des Zulassens von religiösem Pluralismus zu unterscheiden, ungeachtet der häufig lebensweltlichen Ähnlichkeiten für die Betroffenen, insbesondere religiöse Minderheiten.

Dies trifft bereits für antike Parallelen zu, und zwar sowohl für die griechische polis als auch für die Großreiche, wo es oft zum Miteinander bzw. Nebeneinander von Angehörigen verschiedener Glaubensrichtungen gekommen ist. Hierzu ist inzwischen ein umfangreiches Schrifttum entstanden, das sich mit der Stellung der Bürger in der polis, sowie mit den antiken Vorläufern des Menschenrechtsgedankens und mit dem Toleranzbegriff der Antike auseinandersetzt (vgl. insbesondere Girardet/ Nortmann 2005).

Ohne dies hier weiter zu vertiefen, sei nur festgehalten, dass es in den griechischen Städten primär um die Freiheit und Autonomie der polis ging, also um die innere und äußere Unabhängigkeit des Stadtstaates als Bürgerverband, und nicht um die Freiheit des einzelnen Bürgers. Auch die relativ kleine Schicht der privilegierten Bürger hatte keine subjektiven Rechte gegenüber der städtischen Obrigkeit. Hegel hat hier übrigens eine entscheidende Zäsur gesehen, wenn er bemerkt, dass es erst in der christlichen Welt nicht mehr um die Freiheit einiger sondern um die Freiheit aller ging (Hegel 1989, S. 31). Es sei erst damit zu Bewusstsein gebracht worden, dass der *„Mensch als Mensch frei"* sei (ibid.) und *„das Subjekt unendlichen Wert habe"* (Hegel 1989, S. 266).

Was den römischen Pluralismus betrifft, so soll auf die Arbeit von Peter Garnsey aus 1984 verwiesen werden, der als Charakteristikum des Polytheismus römischer Prägung nicht Toleranz, sondern die Tendenz zur Absorbierung und Neutralisierung der fremden Götter herausstellte (vgl. Garnsey 1984). Dies entspricht dem bekannten Phänomen der interpretatio romana anderer Götter, einer aus der Germania von Tacitus (XLIII, 4) übernommenen Phrase.[2]

Es ist aber unverkennbar, dass die Spätantike einige über die polytheistische Toleranz hinausgehende Ansätze bietet, die in spätneuzeitlichen Ohren durchaus vertraut klingen. Allerdings haben diese meist ihren spezifischen Hintergrund in der pluralistischen Phase vor allem des 4. Jahrhunderts. So formulierte der Kirchenvater Laktanz, dass es die Religion allein sei, in der die Freiheit ihre Wohnstatt errichtet hat und dass niemandem der Zwang auferlegt werden kann zu verehren, was er nicht will (Epitome divinarum institutiones 49, 1-2). Manche Texte stellen Reaktionen der Anhänger des überkommenen „heidnischen" Staatskults in den Auseinandersetzungen mit dem sich durchsetzenden Christentum dar. Der

---

[1]   Dies gilt insbesondere für die Auseinandersetzung um die Universität der Menschenrecht mit dem Islam, bei der die Freiheit, seinen Glauben zu wechseln, im Vordergrund steht; vgl. dazu Potz (2011, S. 60f).

[2]   Dazu immer noch grundlegend Wissowa (1918).

wohl berühmteste einschlägige Autor ist der nach 388 verstorbene heidnische Philosoph und Rhetor Themistios, der in seinen Lobreden auf christliche Kaiser der 2. Hälfte des 4. Jahrhunderts darauf hinwies, dass es sinnlos sei, religiösen Glauben durch staatliche Anordnungen zu erzwingen. Die von Gott gewährte Freiheit jedes Menschen habe die staatliche Gewalt zu respektieren.[3]

Die Auswirkungen des Christentums auf die Religionsverfassung des späten Imperium Romanum waren jedenfalls dramatisch. Kaiser Decius (249-251) hatte eine neue religionspolitische Kompetenz auf Reichsebene begründet, welche zu der schwersten reichsweiten Christenverfolgung führte, später aber dann den christlichen Kaisern als Rechtsgrundlage ihrer Religionspolitik dienen konnte. Mit dem Sieg des nizänischen Christentums im 5. Jahrhundert wurden für alle römischen Bürger die sacra publica exklusiv der christlichen Reichsreligion vorbehalten. Der Unterschied zu vorher war beachtlich. Während der pagane Reichskult neben den spezifischen städtischen Kulten vollzogen werden konnte, ließ das Christentum eine derartige Pluralität nicht zu. Das Christentum war in seiner Exklusivität eine viel *„mächtigere Reichsreligion, als sie der Kaiserkult je gewesen war."* (Meyer-Zwiffelhoffer 2009, S. 98). Der Augustinus-Schüler Orosius konnte daher zu Beginn des 5. Jahrhunderts auf die Vorzüge des Imperium Romanum verweisen, in dem nicht mehr unterschiedliche Riten und Religionen die Menschen voneinander trennte, sondern das nunmehr als gemeinsames Vaterland eine Gemeinschaft des Rechts mit der Einheit des Glaubens verband,[4] gewissermaßen ein Vorläufer des frühneuzeitlichen Schlagwortes *„un roi, une loi, une foi."*[5]

In diesem Sinne gehörte die Zukunft nicht der Toleranz des 4. Jahrhunderts, sondern einer Reichstheologie von der heilsnotwendigen Einheit von Imperium und Verkündigung. Dem Rückzugsgefecht paganer Religiosität stehen Ambrosius und vor allem Augustinus gegenüber. Das Auftreten des Erzbischofs von Mailand als Berater Kaiser Gratians (375-383), dann in den Auseinandersetzungen mit Kaiser Theodosius I. (379-395) und vor allem mit dem Rhetor und Führer der paganen Senatspartei Symmachus im Zusammenhang mit einer möglichen Wiederaufstellung des Victoriaaltars im römischen Senat[6] bzw. gegenüber dem heidenfreundlichen Usurpator Eugenius (392-394) (vgl. Potz, A. 2013) zeigt auf, welche machtvolle Politik christliche Hierarchen nunmehr betreiben konnten.

Augustinus ließ schließlich das Spannungsfeld zwischen der notwendigen Willensfreiheit für den Glaubensakt – später in der berühmten Formulierung „Nemo credit nisi volens" auf den Punkt gebracht (Geldhof 2009, S. 4 und Anm. 14) –

---

[3] Zur politischen Philosophie des Themistios vgl. insbesondere Errington (2000).

[4] Paulus Orosius, Historiae adversum Paganos, V, 1, 14f.

[5] Grundlegend zu dieser Formel aus dem Umfeld Ludwig XIV.: Labrousse (1985).

[6] Symmachus hatte in seiner berühmten relatio III für Toleranz und Vielfalt plädiert, Ambrosius dagegen ging von der Verpflichtung des Kaisers aus, dem einzig wahren Glauben zu dienen. Der Bischof wies insbesondere ein Toleranzkonzept zurück, das auf Gleichstellung der Religionen hinausliefe. Vgl. Klein (1972).

und dem zur Bekehrung der Donatisten als zulässig erklärten compelle intrare[7] aufbrechen. Diese Spannung wurde dann dem christlichen Mittelalter vermittelt und ermöglichte sowohl tolerante theoretische Positionen als auch eine mitleidlos intolerante Praxis gegen „Häretiker".

Umgesetzt wurde die christliche Reichstheologie in der Spätantike von Kaiser Justinian I. (723-565), der damit die weitere Geschichte von Byzanz bestimmen sollte. Das römische Imperium hatte sich zur christlichen politeia gewandelt. Damit bedurften die biblischen Texte zur Unterwerfung unter die Staatsgewalt bzw. zur „Selbständigkeit" der geistlichen Sphäre einer Neuinterpretation. Dabei trat die im frühen patristischen Schrifttum durchaus vorhandene staats- bzw. herrschaftskritische Tradition zusehends in den Hintergrund. Jetzt stellte sich die Frage nach dem Verhältnis zwischen geistlicher und weltlicher Sphäre angesichts eines christlichen Herrschers. Die klassischen Texte dieser Neubestimmung finden sich in der 6. Novelle Justinians[8] und in dem vermutlich 886 vom Konstantinopler Patriarchen Photius verfassten umfassenden Rechtsbuch Eisagoge (auch als Epanagoge bezeichnet). Diese byzantinische Quelle, deren rechtlicher Charakter nicht eindeutig geklärt ist, entwirft im Proömium und in den Titeln 2 und 3, die von Kaiser und Patriarch handeln, ein Idealbild der Einmütigkeit beider Funktionen. Der Kaiser hat ein hervorragender Zeuge der Rechtgläubigkeit und Frömmigkeit zu sein.[9] Der Patriarch hat ein „lebendiges beseeltes Bild Christi" zu sein. Der Staat besteht analog zum Menschen aus Teilen und Gliedern, deren größte und notwendigste Kaiser und Patriarch sind. Daher hängt der leibliche und seelische Frieden und das Wohlergehen der Bürger von der Einmütigkeit und Übereinstimmung (symphonia) in allem zwischen Königtum und Priestertum ab. Diese Idee einer symphonia von geistlicher und weltlicher Gewalt war zwar in der politischen Praxis des byzantinischen Reiches nur selten wirksam – zu übermächtig war meist die kaiserliche Gewalt –, aber dieses Modell wurde später immer wieder dazu be-

---

[7] In Anlehnung an Lk. 14, 23 – wo Jesus im Gleichnis vom großen Festmahl den Gastgeber zu seinem Diener sagen lässt: Dann geh auf die Landstraßen und vor die Stadt hinaus und nötige die Leute zu kommen, damit mein Haus voll wird – findet sich diese Wendung mehrfach in gegen die Donatisten gerichteten Schriften, so insbesondere in ep. 173,10 und ep. 185, 24 (*De correctione Donatistarum*) sowie in *Contra Gaudentium Donatistarum episcopum* 1,28, s. 112,8.

[8] Durch Gottes Güte wurden zwei Gaben den Menschen verliehen, das Kaisertum und das Priestertum, heißt es dort. Aus einem Ursprung stammend ordnen sie beide auf ihre Weise das menschliche Leben zur Erfüllung der Aufgaben des Imperiums, der Ausbreitung des Evangeliums, der Bekehrung der Heiden, der Verteidigung und Bewahrung der Einheit des Glaubens.

[9] Photios macht den Kaiser dafür verantwortlich, *„die heilige Schrift und die Beschlüsse der sieben heiligen (ökumenischen) Synoden […] sowie die gebilligten römischen Gesetze zu schützen und zu bewahren."* Es ist in der Forschung umstritten, wie die einschlägigen Bestimmungen zu interpretieren sind. Wahrscheinlich ging es Photios nicht darum, dem Kaiser jegliche legislative Kompetenz in kirchlichen Fragen abzusprechen, ihm aber *„die Respektierung der bestehenden kanonischen Ordnung, auf(zu)zwingen"*, vgl. Troianos (2011).

nützt, um orthodoxe Herrscher zum Schutz des wahren Glaubens zu verpflichten.[10] Diese Auffassung von der Aufgabe der Staatsmacht war bis ins 20. Jahrhundert in der Orthodoxie dominierend[11] und wird auch nach dem Untergang des Kommunismus wieder ins Spiel gebracht. In den ehemals kommunistischen Staaten sehen manche Vertreter der Orthodoxie eine Rückkehr zu dieser Tradition als durchaus erstrebenswert an. Man darf in diesem Zusammenhang nicht die Augen davor verschließen, dass die politische Wende in den osteuropäischen Ländern mit orthodoxer Tradition für diese insofern eine schwere Belastung gebracht hat, als die Kirchen dieser Länder relativ unvorbereitet mit der Religionsfreiheit und dem damit verbundenen Recht auf freie Religionsausübung und den Aktivitäten anderer Religionsgemeinschaften konfrontiert wurden.

Zurück zur christlichen Spätantike. Es war damals zwar bereits von zwei Gewalten innerhalb der politischen Ordnung die Rede, die institutionelle Trennung in eine geistliche und weltliche Sphäre war diesem System jedoch grundsätzlich fremd geblieben.

Im westlichen Mittelalter galt „Nemo credit nisi volens" grundsätzlich zwar weiter. Das Vorhandensein einer Minderheit von Heiden und insbesondere von Juden wurde zwar als bedauerlich, aber zur Vermeidung eines größeren Übels bzw. zur Erreichung eines größeren Gutes immerhin für hinnehmbar angesehen. Die Existenz einer jüdischen Minderheit wurde theologisch in augustinischer Tradition überdies mit der Zeugenschaft für die alttestamentlichen Christusprophezeiungen begründet.[12] Die Praxis sah allerdings immer wieder anders aus.[13] Gegen Häretiker, noch dazu wenn sie zu einem gesellschaftlichen Problem wurden, ging man dagegen in Theorie und Praxis mitleidlos vor.

Ungeachtet dieser Vorgeschichte ist davon auszugehen, dass sowohl die Konzeption der Menschenrechte im Allgemeinen und als auch des Grundrechts der Religionsfreiheit im Besonderen die spezifischen gesellschaftlich-politisch-rechtlichen Entwicklungen des „abendländischen" Europa im Mittelalter voraussetzen. Obgleich ein durch vielerlei Übereinstimmungen charakterisiertes gemeinsames geistesgeschichtliches Erbe mit dem griechisch-byzantinischen und dem islamischen Raum vorlag, traten nur im westlichen Bereich Entwicklungsbedingungen ein, die langfristig in die Entstehungsgeschichte des Menschenrechtsgedankens gehören. Diese ist daher nicht der christlichen Tradition in ihrer Gesamtheit

---

[10] So heißt es in der Kodifikation der Gesetze des russischen Kaiserreiches aus 1832 in der Abteilung „Grundgesetze" in gut byzantinischer Tradition: *„Der Kaiser* [...] *ist der oberste Verteidiger und Wahrer der Dogmen des herrschenden Glaubens und der Hüter des rechten Glaubens und jeder heiligen Ordnung in der Kirche."*

[11] Im traditionellen griechischen Schrifttum wird von der *„aufrichtigen und treuen Zusammenarbeit der Kirche mit dem Staat"* gesprochen, dem *„vom richtigen Standpunkt der orthodoxen Kirche aus einzig richtigen System der Beziehung zwischen diesen beiden von Gott gestifteten Organisationen".* Vgl. Wittig 1987, S. 140.

[12] De civitate Dei 18, 46; vorher bereits in Contra Faustum 13, 11.

[13] Grundlegend dazu Kisch (1955).

zuzuordnen. Es bedurfte vielmehr spezifischer politischer Voraussetzungen, damit die Entfaltung der im Christentum vorhandenen Aspekte einer grundsätzlichen Differenzierung von Religion und Politik, welche wohl eine notwendige Bedingung dafür darstellt, auch aktuell stattfinden konnte. Diese politischen Zusatz-Bedingungen waren nur in der Tradition des westlichen Christentums gegeben, während die östlich-christliche Tradition und der Islam hier einen anderen Weg gingen.

Was waren nun die spezifisch westlichen Faktoren, die für die Genese der Religionsfreiheit maßgeblich waren? Bis zum Ende des „Ersten Mittelalters" (um 1100) war auch das westliche mittelalterliche Reich – wie das Ernst-Wolfgang Böckenförde formuliert – heilsgeschichtlich begründetes Missionsimperium, geschichtstheologisch legitimierte Erscheinungsform der das gesamte gläubige Volk umfassenden ecclesia – mit dem Auftrag, eine christliche Herrschaft auf Erden zu verwirklichen.[14] Der westliche Kaiser knüpfte dabei – neben der Übernahme der römischen Kaiseridee – als Vogt und Schirmherr der Christenheit aufgrund der Salbung als geheiligte Person an das alttestamentliche Sakralkönigtum (David und Salomon) an.[15]

Um die im „Abendland" einsetzenden revolutionären Veränderungen deutlich werden zu lassen, empfiehlt sich nicht nur ein Vergleich mit dem byzantinischen Kaisertum, sondern auch mit dem islamischen Kalifat. Auch in der islamischen Staats- und Kalifatstheorie finden sich verschiedene Titel und Funktionen von Herrschern, welche eine religiös begründete einheitliche politische Ordnung verdeutlichen: Der Herrscher wird als Nachfolger bzw. Stellvertreter (Khalifa) des Gesandten Gottes, später auch als Khalifa Gottes bezeichnet.

> *„Der Kalif war nicht nur politischer Machthaber; er war als der Imam und Fürst der Gläubigen[16] Garant des Gesetzes zum Heil der Muslime, nach dem Verständnis der Abbasiden nicht allein als Halifat Rasul Allah ‚Statthalter des Gesandten Gottes', sondern als Halifat Allah ‚Stellvertreter Gottes auf Erden'; Kalif al-Mansur (754–75) ließ sich sogar Allah fi ardihi ‚Herrschaft Gottes auf Erden' nennen."* (Endreß 1982, S. 79)

Diese historischen Titel der Kalifen finden interessante Parallelen in der päpstlichen bzw. kaiserlichen vicarius Christi bzw. vicarius Dei-Titulatur.[17]

---

[14] Vgl. Böckenförde 1967, wieder abgedruckt in Böckenförde 1976, S. 44, der dabei auf Carl Schmitt (Schmitt 1950, S. 29f) verweist.

[15] Vgl. dazu die vier wahrscheinlich aus dem 10. Jahrhundert stammenden Inschriften auf der Krone des Heiligen Römischen Reiches, von denen zwei aus den Sprüchen Salomons, eine aus den Psalmen Davids und eine aus Jesaja stammen.

[16] Der Titel „Beherrscher der Gläubigen" wurde gemäß der Tradition von Kalifen Umar eingeführt, der die politische Dimension seiner Herrschaft in den Vordergrund rücken und die prätentiösen Titel *chalīfat Allāh* und *chalīfat rasūl Allāh* vermeiden wollte; vgl. Lewis 1991, S. 80f.

[17] *Vicarius Dei* gehörte zur traditionellen Kaiser/Königstitulatur, eine Tradition, die aus antiken Quellen, Bibeltexten, römischem und kanonischem Recht gespeist wurde. Im hier interessie-

Alle die mit dem Kalifat verbundenen Titel und Funktionen stehen immer im Rahmen der religiös begründeten Umma, der Gemeinschaft der Gläubigen. Die Umma ist als beste Gemeinschaft im göttlichen Heilsplan vorgesehen (vgl. Koran, 3, 110), durch sie kommt es zur Ausbreitung des Islam über die ganze Welt. Jegliches politisches Handeln erfährt dadurch seine Legitimation. Vom Anspruch her handelt es sich also zunächst um ein Missionsimperium, in dem zwar durchaus eine interne Differenzierung von sakralen und profanen Aufgaben, aber keine Trennung in staatliche und glaubensgemeinschaftliche Institutionen in einer der westlichen Entwicklung vergleichbaren Weise vorgesehen war. Inwieweit daraus heute eine Ablehnung demokratischer Verfassungsstrukturen als dem Islam immanent abzuleiten ist, muss allerdings dahingestellt bleiben. So stammt der vielzitierte Slogan, der Islam sei Religion und Staat (Al-Islam din wa daula) aus dem 19. Jahrhundert, ist also ein Produkt einer unreflektiert-ideologischen Auseinandersetzung mit dem spätneuzeitlichen westlichen Staatsbegriff, die in ihrer Wirkungsgeschichte sowohl im Selbstverständnis islamistischer Gruppierungen als auch in der westlichen Wahrnehmung des Islam nicht unterschätzt, in ihrer traditionellen Verankerung jedoch auch nicht überschätzt werden sollte.[18]

Alle diese historischen Voraussetzungen bringen es jedoch mit sich, dass die orthodoxe Staatenwelt, vor allem aber die vom Islam geprägten Staaten, bis in die jüngste Zeit Schwierigkeiten mit den für die europäische Neuzeit fundamentalen Trennungsparadigmen haben – die da sind: Trennung von Staat und Kirche, von Politik und Religion, von Recht und Moral. Ohne diese ist nicht nur Religionsfreiheit, sondern überhaupt das Konzept von Grund- und Freiheitsrechten nicht vorstellbar.

Der Investiturstreit hatte solcherart im Westen in revolutionärer Weise die alte religiös-politische Einheitswelt in ihren Fundamenten erschüttert. Kirchenfreiheit, libertas ecclesiae, wurde von Gregor VII. nicht nur auf die Garantie für die Autonomie einzelner kirchlicher Institutionen bezogen, sondern beinhaltete den Anspruch auf den absoluten innerkirchlichen Führungsanspruch des Papstes als Stellvertreter Gottes auf Erden, vor allem auf Nichteinmischung des nur Laie seienden Königs in kirchlichen Angelegenheiten.[19] Das Ergebnis war eine deutliche Unterscheidung zwischen geistlichem Amt und weltlicher Herrschaft und die klare Ausdifferenzierung zwischen „geistlichen" und „weltlichen" Institutionen. Die Kirche wurde dabei endgültig zu einer mit der geistlichen Sphäre identifizierten selbständigen Einheit, deren Verhältnis zur ausgegrenzten weltlichen Gewalt es nun zu bestimmen galt. Zunächst führte dies zu einer Auseinandersetzung zwi-

---

renden Zusammenhang ist es dabei bemerkenswert, dass es im Hochmittelalter zu einer für die westliche Entwicklung charakteristischen Differenzierung gekommen ist: Es wird meist das päpstliche *Vikariat Dei/Christi in spiritualibus* und das königliche *Vikariat Dei/Christi in temporalibus* unterschieden, im Spätmittelalter von einigen Autoren sogar das spirituelle Vikariat Christi und das königliche Vikariat Gottes. Vgl. dazu Kosuch 2011, bes. 298ff.

[18] Zur innerislamischen Diskussion dieser Verknüpfung vgl. Rohe 2009, S. 249.
[19] Vgl. dazu insbes. Szabó-Bechstein 1991.

schen den Führungsansprüchen der geistlichen und der weltlichen Gewalt. Beide versuchten, die jeweils andere zu dominieren und zu instrumentalisieren, wofür im Spätmittelalter erste Konzepte entwickelt wurden,[20] es waren aber seit dem Wormser Konkordat 1122 auch immer wieder Kompromisse über die Aufteilung der Machtsphären notwendig. Man kann daher in der Folge von einem gregoriani-schen Zeitalter[21] sprechen, das langfristig die Trennung von Staat und Kirche be-wirkt und bis in die Gegenwart nicht nur die institutionellen Konfrontationen der beiden bestimmt hat, sondern auch Rahmenbedingungen für die Ausgestaltung der individuellen Religionsfreiheit.

Mit der Differenzierung von sakral und profan und in der Folge mit der Ausbil-dung von Kirche und Staat als unterscheidbare Institutionen stellte sich nicht nur die Frage ihres Verhältnisses zueinander, sondern es tat sich damit ein potentieller Freiraum auf, ohne den die abendländische Geschichte der Religionsfreiheit nicht denkbar ist. Dieser Dualismus wurde selbstverständlich nicht unmittelbar und schon gar nicht im neuzeitlichen Sinn fassbar, sondern es kam in einem ersten Schritt zwischen den beiden Institutionen zu einer Auseinandersetzung um den Führungsanspruch, der jedoch eine Unterscheidbarkeit der beiden Sphären voraus-setzte.

Der den spätmittelalterlichen Konzepten zu Grunde liegende Dualismus war eine der Voraussetzungen für die westliche Sonderentwicklung zu Beginn der Neuzeit, für die Konfessionalisierung des westlichen Christentums nach der Re-formation und die dadurch bedingten religiösen Konflikte des 16. und 17. Jahr-hunderts. Man musste sich nun auf die Suche nach einer neuen rechtlich-politischen Legitimation begeben, denn die traditionellen religiösen Legitimati-onskonzepte politischer Herrschaft erwiesen sich angesichts unterschiedlicher konfessioneller Positionen als nicht mehr ausreichend. Es waren ja gerade konkur-

---

[20] Während etwa *Aegidius Romanus* (ca. 1243 – 1316) in seinem 1301/02 verfassten Werk *De ecclesiastica potestate* nur im kirchlich legitimierten Recht volles Recht sah, verstand *Marsi-lius von Padua* (ca 1290 – vor 1343) im *Defensor Pacis* (abgeschlossen 1324) päpstliche Dekretalen nur als unverbindliche Empfehlungen, die aus sich heraus kein Recht schaffen können.

Im Gegensatz zum monistischen Radikalismus dieser beiden Konzepte steht *Wilhelm von Ockham* (1285/90 – 1348) mit seinem zukunftsweisenden Dualismus von weltlicher und geistlicher Gewalt. Die Vielfältigkeit und Originalität des Ockham'schen Denkens ist bekannt und kann hier nicht nachgezeichnet werden. Selbstständigkeit und gegenseitige Unterstützung von geistlicher und weltlicher Gewalt sind das Grundthema seiner politischen Schriften. Kai-serliche bzw. königliche Herrschaft ist von jeder päpstlichen Legitimierung ebenso unabhän-gig wie die Ausübung von kirchlicher *potestas* von weltlicher Legitimierung. Die Verpflich-tung zur gegenseitigen Unterstützung kann im Notfall allerdings dazu führen, dass sowohl die Kirche im Staat als auch der Staat in der Kirche im Sinne einer *potestas indirecta* eingreifen darf und muss (*Dialogus* III aus 1341/48 und *De imperatorum et pontificum potestate* aus 1346/47).

[21] Oder auch von einem „Wormser Zeitalter", in dem Vereinbarungen zwischen geistlicher und weltlicher Macht – seit dem Beginn des 15. Jahrhunderts als Konkordate bezeichnet – bis ins 20. Jahrhundert als Machtverteilungsinstrumente eingesetzt wurden.

rierende religiöse Wahrheitsansprüche, die zu politischen Konflikten geführt hatten, sodass ein Rekurs auf eine unantastbare Wahrheit nicht mehr möglich war.

Diese Konfliktlage führte im Streit um die wahre Religion zu blutigen Bürgerkriegen. Um diese Bürgerkriegssituation zu überwinden und den gesellschaftlich-politischen Frieden zu sichern, bedurfte es einer über den Religionsparteien stehenden, mit einem Gewaltmonopol ausgestatteten, d.h. souveränen Instanz, die die politischen Ziele nur unter Ausklammerung der religiösen Wahrheitsfrage erreichen konnte.

Die Konfessionalisierung der westlichen Kirche hat zwar neue Voraussetzungen geschaffen, man bediente sich aber zwischen dem 16. und 18. Jahrhundert meist des vorgefundenen Instrumentariums an Begrifflichkeiten und rechtlichen Formen. Zunächst konnte man sich noch nicht vom mittelalterlichen Einheitsdenken lösen, denn für den Bestand des Staates schien vorerst noch nichts so gefährlich zu sein wie die Teilung der Souveränität oder die Einräumung von Freiheiten – seien es die Stände, sei es die Kirche – gegen die souveräne Gewalt. Es galt das Prinzip, wird die Herrschaft geteilt, ist der Fürst nicht souverän (Jean Bodin, Thomas Hobbes). Aus politischen Gründen bestand der Staat zunächst auf der religiösen Einheit, da diese weiterhin als unverzichtbares Fundament politischer Ordnung galt; für so etwas wie Religionsfreiheit war nicht einmal ansatzweise Platz in diesem System.[22]

Das Ausblenden der religiösen Wahrheitsfrage durfte die staatliche Omnipotenz nicht in Frage stellen, der Konfessionsstaat sah daher nur die Möglichkeit, die miteinander streitenden Konfessionen räumlich zu trennen. Von der Unterdrückung und Bekämpfung vor Ort nahm man immerhin schon Abstand, was einen ersten Schritt in der neuzeitlichen Freiheitsgeschichte darstellt. Die Verräumlichung von konfessionellen Minderheiten durch die Einführung eines Emigrationsrechtes[23] – aus heutiger Sicht könnte man es confessional cleansing nennen – bzw. die Auswanderung religiöser Minderheiten nach Amerika war daher ein europaweit praktiziertes Modell.

Die religiöse Einheit war aber letztlich doch nicht aufrecht zu erhalten. Der sich als politisches Herrschaftssystem ausbildende moderne Staat musste daher, nach-

---

[22] Dies galt vorerst auch für die amerikanischen Kolonien, in denen man zunächst um konfessionell geschlossene politische Gemeinwesen bemüht war. Vgl. dazu Koenig 2012, S. 300ff.

[23] Vgl. Art. 24 des Augsburger Religionsfriedens: *„Wo aber Unsere, auch der Churfürsten, Fürsten und Stände Unterthanen der alten Religion oder Augspurgischen Confession anhängig, von solcher ihrer Religion wegen aus Unsern, auch der Churfürsten, Fürsten und Ständen des H. Reichs Landen, Fürstenthumen, Städten oder Flecken mit ihren Weib und Kindern an andere Orte ziehen und sich nieder thun wolten, denen soll solcher Ab- und Zuzug, auch Verkauffung ihrer Haab und Güter gegen zimlichen, billigen Abtrag der Leibeigenschaft und Nachsteuer, wie es jedes Orts von Alters anhero üblich, herbracht und gehalten worden ist, unverhindert männiglichs zugelassen und bewilligt, auch an ihren Ehren und Pflichten allerding unentgolten seyn. Doch soll den Oberkeiten an ihren Gerechtigkeiten und Herkommen der Leibeigenen halben, dieselbigen ledig zu zehlen oder nicht, hiedurch nichts abgebrochen oder benommen seyn."*

dem die konfessionelle Wiedervereinigung gescheitert war und der Zwang zur Einkonfessionalität sich auf Dauer nicht als gangbar erwiesen hatte, ein gesichertes Nebeneinander von verschiedenen Konfessionen ermöglichen.[24] Dies hatte allerdings zur Folge, dass das Thema Religion zunehmend aus dem Diskurs politischer Legitimation ausgeklammert werden musste. Der Staat legitimierte sich als Friedensgarant aus der Erinnerung an den Schrecken der religiösen Bürgerkriege und begegnete diesen mit dem Toleranzgebot. Die neuzeitliche Toleranz wurzelt also in der Notwendigkeit, das Zusammenleben konfessionsverschiedener Bürger friedlich zu gestalten. Die Geschichte der Toleranz begann also mit der bloßen Duldung anderer Meinungen und Gewohnheiten durch den immer noch konfessionellen und daher Partei seienden Staat. Sie stellte somit zunächst einen Kompromiss auf das Ertragenkönnen des Anderen dar, der zunächst überwiegend unter ausdrücklicher Missbilligung der jeweils dominanten Kirchen stand.[25]

Die Toleranzgesetzgebung des aufgeklärt-absolutistischen Staates stand dabei manchmal in einer Tradition, in der Toleranz als strategisches Konzept zum Vermeiden eines größeren Übels postuliert wird.[26] Es darf daher nicht verwundern, dass das öffentliche Wirken auch weiterhin der Staatskirche vorbehalten wurde, die Angehörigen der tolerierten Religionsgemeinschaften waren auf die private Religionsübung verwiesen. Diese Toleranz war daher von der Garantie von Religionsfreiheit noch einigermaßen entfernt. Die Duldung wurde als eine Art Gruppenrecht nur auf bestimmte Bekenntnisse beschränkt und war ihrer rechtlichen Struktur nach dadurch gekennzeichnet, dass ihre Gewährleistung in den meisten Fällen noch nicht als gesetzlich konstituiertes Freiheitsrecht, sondern als Zugeständnis des Souveräns und daher für diesen prinzipiell verfügbar und revidierbar gedacht war.[27] Nichtsdestoweniger bedeuten diese Toleranzgarantien einen Schritt in der Geschichte der „korporativen Religionsfreiheit". So stellt sich etwa in Österreich die Geschichte der gesetzlich anerkannten Kirchen und Religionsgesellschaften als ein Prozess der Emanzipation der tolerierten Religionsgemeinschaften

---

[24] In den englischen Kolonien Nordamerikas bedeutete dies zunächst meist das Nebeneinander verschiedener reformatorischer Bekenntnisse, nicht aber die Einbeziehung der Katholischen Kirche und des Judentums.

[25] Auch hier ist ein Vergleich mit den orthodoxen und islamischen Konzepten aufschlussreich. Der traditionelle Begriff für Toleranz im Russischen ist *terpimost'*, was etymologisch dem Begriffsfeld „Geduld" entspricht. Es wird in diesen Begrifflichkeiten das in der Aufklärung kritisierte Machtgefälle zwischen Tolerierendem und Toleriertem angesprochen (H. G. de Mirabeau, 1789). Goethe brachte diesen Gedanken prägnant auf den Punkt: *„Toleranz sollte eigentlich nur eine vorübergehende Gesinnung sein: Sie muss zur Anerkennung führen. Dulden heißt beleidigen"* (Maximen und Reflexionen).

[26] Wie Peter Landau (1981) nachweisen konnte, liegen die geistigen Grundlagen des Toleranzsystems Josephs II. nicht so sehr im allgemeinen Naturrechtsdenken als in strategischen Überlegungen, die ihre Basis im Toleranzprinzip des kanonischen Rechts hatten, wo die Aufgabe der Toleranz die Vermeidung eines größeren Übels ist.

[27] Dies gilt auch für die amerikanischen Kolonien, in denen englische Toleranzakte auf bestimmte Konfessionen ausgedehnt wurden, die Katholische Kirche blieb davon jedoch meist ausgeschlossen; vgl. Koenig 2012, S. 300.

bis zur rechtlichen Gleichstellung mit der Katholischen Kirche in der 2. Hälfte des 19. Jahrhunderts dar.

Was die hinter diesen neuzeitlichen Entwicklungen stehende politische Legitimation betrifft, so kam zwar in den älteren Naturrechtslehren das frei sich selbst bestimmende Individuum als Subjekt seiner sozialen Beziehungen in den Blick. Dieses Konzept wurde aber auf einen Naturzustand bezogen, der nicht nur ein hypothetisches Konstrukt war, sondern auch Berichte über das Leben überseeischer Völker verarbeitete, mit denen man zu Beginn der Neuzeit konfrontiert wurde. Daraus wurden aber noch keine freiheitsrechtlichen Konsequenzen gezogen. Sondern diese gleiche Freiheit des Naturzustandes wurde durch den Übergang in den status civilis als zur Gänze aufgegeben gesehen und in einem Gesellschaftsvertrag gegen die Sicherheit von Leib und Leben eingetauscht, ein Konzept, bei dem die Erfahrungen aus den Religionskriegen Pate gestanden waren. Im Rahmen dieses Systems konnte es, durchaus in Übereinstimmung mit den Lehren der Vertreter des älteren Naturrechts in Religionsfragen (Pufendorf, Thomasius, Wolff), bestenfalls zu einer sich nur langsam durchsetzenden obrigkeitlichen Toleranzgewährung kommen, deren Basis – wie bereits erwähnt – durchaus strategische Überlegungen sein konnten. *„Die Äußerung gewissensbestimmter Gesinnung seitens der Untertanen war, soweit sie über politische Loyalitätsbekundungen hinausgeht, nur innerhalb der von der Staatsräson gezogenen Grenzen zulässig."* (Luf 1993, S. 79) Eine andere Religion bzw. Konfession als die dominante konnte daher lediglich im häuslichen bzw. privaten Bereich ausgeübt werden, wo die Verwirklichung staatlicher Aufgaben nicht beeinträchtigt wird. Unbestritten ist dabei, dass die praktizierte Toleranz einen Gewöhnungsprozess eingeleitet hat, der die Akzeptanz von Religionsfreiheit begünstigte.

Die säkulare Begründung einer religiösen Einheit des Staates erwies sich jedoch langfristig nicht tragfähig und führte beinahe zwangsläufig zum Übergang zum garantierten Freiheitsrecht. Es kristallisierten sich miteinander verbundene, einander verstärkende Argumentationsschwerpunkte heraus. Die politische Undurchführbarkeit religiöser Einheit und die zunehmende konfessionelle Pluralisierung der Territorien sowie das Gebot der Achtung vor dem Gewissen des Andersdenkenden führten zur Überzeugung, dass der Staat mit seinen Machtmitteln nicht gewaltsam in Fragen der Religion eingreifen darf.

Diese neue Sicht fand in den letzten Dezennien des 18. Jahrhunderts im jüngeren Naturrecht eine philosophische Begründung. Man ging nunmehr von der Vorstellung aus, dass die Freiheit des Naturzustands beim Übergang in die staatliche Ordnung nicht zur Gänze aufgegeben werde, sondern nur insoweit, als dies zur Erfüllung grundlegender staatlicher Zwecke erforderlich sei. An Stelle des absolutistischen Wohlfahrtszwecks als staatliche Handlungsmaxime traten die Freiheitsrechte des Menschen in den Vordergrund der Staatszwecke.

Die weitere Rechtsentwicklung in Bezug auf die Religionsfreiheit im 19. und 20. Jahrhundert ist höchst spannungsreich und läuft ungeachtet der Widerstände, insbesondere von Seiten der Kirchen, auf eine institutionelle Trennung von Staat und religiösen Gemeinschaften hinaus, wobei sich der Gedanke der religiösen

Neutralität des Staates zunehmend Geltung verschafft. Die rechtlichen Gewährleistungen religiöser Freiheit manifestieren sich bis heute, nicht immer parallel
laufend, sowohl in der individualrechtlichen und als auch der oft als Kirchenfreiheit apostrophierten korporationsrechtlichen Sphäre.[28]

Was die Kirchenfreiheit als Gruppenrecht betrifft, war und ist ihre Geschichte
durch die Abkehr vom Konzept der Staatskirche bestimmt. Man kann dabei zwei
Basisvarianten für die religionspolitischen Systeme in Europa unterscheiden. Es
kam entweder im Sinne einer laizistischen Trennung zur Herstellung von Gleichheit durch die Verdrängung der bisher dominierenden Religion aus dem öffentlichen Raum, wie es vor allem für die französische Tradition charakteristisch ist.
Oder es erfolgte eine sukzessive Emanzipation anderer Religionsgemeinschaften
auf das rechtliche Niveau der historisch dominierenden Religion. Dieses zweite
Modell ist unter anderem auch in Österreich verwirklicht worden.

In kultureller Perspektive ist dabei zu betonen, dass sich das System grund-
rechtlicher Gewährleistungen im Wesentlichen in den jeweiligen christlichen Tra-
ditionszusammenhängen der europäischen Staatenwelt ausgebildet hat. Die vorhandenen Strukturen wirkten aber auch dann vorbildlich, wenn es darum ging,
Religionsgemeinschaften zu erfassen, denen diese zunächst fremd waren, wie sich
etwa in Bosnien nach der österreichisch-ungarischen Okkupation Bosniens 1878
und dann später in der Vorbereitung des österreichischen Islamgesetzes 1912 gezeigt hat (Potz 2012).

Die Dominanz des Gruppenrechts auf Religionsfreiheit reichte jedenfalls bis
weit in das 20. Jahrhundert und wird erst in jüngster Zeit in Frage gestellt.

Seit einigen Jahren wird im deutschsprachigen Schrifttum ein „begriffspolitischer Grundsatzstreit" zwischen Staatskirchenrecht und Religions(verfassungs)recht geführt (vgl. insbes. Heinig/ Walter 2007; Czermak 1999, 743ff;
Mückl 2006, 52ff; von Campenhausen/ de Wall 2006, 39f). Damit werden Grund-
positionen festgemacht, die in spezifischen Interpretationsgrundsätzen und einer
entsprechenden dogmatischen Handhabung ihren Niederschlag finden. Der Verwendung dieser Begriffe kommt ohne Zweifel eine nicht zu unterschätzende be-
kennende und programmatische Bedeutung zu. Es geht um die Grundsatzfrage, ob
das klassische Staatskirchenrecht, das seine geschichtlichen Wurzeln in der besonderen Kooperation mit den traditionellen Großkirchen hat, durch ein egalitär-
religionsfreiheitlich ausgerichtetes Religionsverfassungsrecht ersetzt werden sollte, das die individuelle religiöse Freiheitssphäre in den Mittelpunkt stellt und sich
an den religiösen Interessen der Bürgerinnen und Bürger als Ausgangspunkt des
Religionsrechts orientiert. Von den Vertretern des Begriffs „Religionsrecht" wird
vor allem darauf verwiesen, dass nicht überkommene, die Kirchen „privilegieren-

---

[28] Auch in den USA verläuft die Entwicklung insoweit ähnlich, als die „Establishment-Klausel"
     des 1. Amendments zur Bundesverfassung aus 1791 erst im Laufe des 19. Jahrhunderts in die
     Rechtsordnungen der Einzelstaaten hineinwirkte und die Rechtsprechung des Supreme Court
     in deren Durchsetzung insbesondere gegenüber nichtprotestantischen religiösen Minderheiten
     eher zurückhaltend war. Vgl. Hitchcock 2004.

de" Modellvorstellungen die Grundlage darzustellen haben, sondern kultur- und sozialstaatliche Verpflichtungen. Dabei dürfte es keinesfalls zu einer Ausblendung der korporativen Ebene kommen. Religiöse Aktivitäten sind nämlich von der Natur der Sache her auf kollektive Ausübung angelegt und Religionsgemeinschaften stellen daher notwendigerweise wichtige Bezugs- und Kristallisationspunkte dar, ohne deren grundrechtliche Absicherung die Wahrung der religiösen Interessen der einzelnen Gläubigen nicht möglich ist. Religionsgemeinschaften sind daher als Korporationen sui generis anzusehen. In diesem Sinn trägt ein in der Gewährleistung von Religionsfreiheit wurzelndes Religionsrecht dem neuzeitlichen Freiheitsverständnis und damit auch der „Kirchenfreiheit" im Rahmen eines gewandelten Staat-Kirche-Verhältnisses in adäquater Weise Rechnung.

Mit dem In-den-Mittelpunkt-Stellen der individuellen Religionsfreiheit wurde insofern das Ende des gregorianischen Zeitalters eingeläutet, als religionspolitische bzw. religionsrechtliche Fragen nun nicht mehr nach dem Schema von Kirchen- bzw. Kulturkämpfen[29] zu behandeln sind. Dabei dürfte – vergleichbar der Bedeutung der Konfessionalisierung in der frühen Neuzeit – für die Weiterentwicklung der religionsfreiheitlichen Garantien die zunehmende religiöse Pluralisierung der Gesellschaft[30] eine nicht unwesentliche Rolle spielen.

Jürgen Habermas hat aus Anlass der jüngsten Beschneidungsdebatte in der Neuen Zürcher Zeitung bemerkenswerte Sätze zu unserem Thema formuliert: *„Die Religionsgemeinschaften dürfen, solange sie in der Bürgergesellschaft eine vitale Rolle spielen, nicht aus der politischen Öffentlichkeit in die Privatsphäre verbannt werden, weil eine deliberative Politik vom öffentlichen Vernunftgebrauch ebenso der religiösen, wie der nichtreligiösen Bürger abhängt."* (Habermas 2012b) Dies ist eine exakte Beschreibung eines postgregorianischen Verhältnisses von Religion und Politik.

Vom Standpunkt des religiös neutralen Staates ist es geradezu geboten, allen in der Gesellschaft wirkenden Kräften in ihrer Vielfalt Raum zu geben und somit

---

[29] Beim Kulturkampf ging es im Kern um die Durchsetzung einer liberalen Kultuspolitik im 19. Jahrhundert, die eine Trennung von Staat und Kirche vorsah. Vor allem die katholische Kirche kämpfte dagegen an, insbesondere weil sie ihren Einfluss in Ehe und Schule nicht verlieren wollte. In Preußen, wo der Kulturkampf 1871 bis 1878 unter Bismarck seinen Höhepunkt erreichte, ging es vor allem auch um den politischen Einfluss der katholischen Organisationen, bei denen man eine oppositionelle Haltung zum neuen Reich vermutete.
Eine durchaus passende aktuelle Verwendung findet sich übrigens bei Jürgen Habermas (Habermas 2012a, S. 321), der die Auseinandersetzung zwischen *„Multikulturalisten"* und *„Säkularisten"* unter den Bedingungen der gegenwärtigen liberalen Gesellschaft als Kulturkampf bezeichnet, bei dem darüber gestritten wird, *„ob die Bewahrung der kulturellen Identität oder die staatsbürgerliche Integration Vorrang haben soll."*

[30] Eine der wichtigsten Ursachen dafür ist Migration, wobei nicht nur bislang fremde Religionsgemeinschaften zur religiösen Vielfalt beitragen, sondern auch die traditionell bestehenden Gemeinschaften neue Impulse erhalten. In Wien ist vor allem auf die große Zahl von Katholikinnen und Katholiken mit „Migrationshintergrund" – insbesondere aus Polen, Kroatien und von den Philippinen – hinzuweisen, welche aus ihrer Heimat teilweise andere Vorstellungen von der gesellschaftlichen Bedeutung der Kirche mitbringen.

auch die religiösen Interessen zu berücksichtigen. Der Europäische Gerichtshof für Menschenrechte hat diese Überlegung in ständiger Rechtsprechung dahingehend präzisiert, dass die in der Religionsfreiheit wurzelnde autonome Existenz von Religionsgemeinschaften ein „Herzstück des Schutzes" darstelle, den Art. 9 der Europäischen Menschenrechtskonvention gewährleistet, und unabdingbar für den Pluralismus in einer demokratischen Gesellschaft sei.[31]

Die mit der Gewährleistung der Religionsfreiheit verbundenen irreversiblen Gewinne der säkularen Gesellschaft dürfen nicht aufgegeben und die daraus resultierenden Grenzen für Religion bzw. das Tätigwerden der Religionsgemeinschaften müssen strikt beachtet werden. Dies darf jedoch nicht bedeuten, dass – ich verwende Formulierungen des Historikers Paul Nolte – auf die Sicherung einer grundlegenden Ressource der bürgerlichen Gesellschaft verzichtet werden muss, in der es zur Reflexion auf Transzendenz kommt und deren Ausfall nicht ohne weiteres kompensierbar ist, also nicht von anderen Institutionen übernommen werden kann (vgl. Nolte 2009, S. 85).

Literatur

Böckenförde, Ernst-Wolfgang (1967): Die Entstehung des Staates als Vorgang der Säkularisation, in: Säkularisation und Utopie. Ebracher Studien, Ernst Forsthoff zum 65. Geburtstag. Stuttgart.

Böckenförde, Ernst-Wolfgang (1976): Staat, Gesellschaft, Freiheit. Frankfurt/Main.

Czermak, Gerhard (1999): „Religions(verfassungs)recht" oder „Staatskirchenrecht"? in: Neue Zeitschrift für Verwaltungsrecht 1999, S. 743ff.

Endreß, Gerhard (1982): Einführung in die islamische Geschichte. München.

Errington, Robert M. (2000): Themistius and His Emperors, in: Chiron 30, S. 861–904.

Garnsey, Peter (1984): Religious Toleration in Classical Antiquity, in: Sheils, W. J. (Hg.), Persecution and Toleration. Studies in Church History 21, S. 1–27.

Geldhof, Joris (2009): 'Nemo credit nisi volens': An Essay on Baader, Saint Augustine, and the Role of the Will in the Act of Faith, in: Heythrop Journal XLVIII, S. 1–13.

Girardet, Klaus M./ Nortmann, Ulrich (Hg.) (2005): Menschenrechte und die europäische Identität. Die antiken Grundlagen. Wiesbaden.

Grote, Rainer/ Marauhn, Thilo (Hg.) (2001): Religionsfreiheit zwischen individueller Selbstbestimmung, Minderheitenschutz und Staatskirchenrecht – Völker- und verfassungsrechtliche Perspektiven (Beiträge zum ausländischen öffentlichen Recht und Völkerrecht Bd. 146). Berlin/ Heidelberg/ New York.

Habermas, Jürgen (2012a): Religion in der Öffentlichkeit der „postsäkularen" Gesellschaft, in: Jürgen Habermas, Nachmetaphysisches Denken. Bd. II: Aufsätze und Repliken. Frankfurt, 308-328.

Habermas, Jürgen (2012b): Wie viel Religion verträgt der liberale Staat?, in: Neue Zürcher Zeitung, 6. August 2012. Online: http://www.nzz.ch/aktuell/feuilleton/literatur-und-kunst/wie-viel-religion-vertraegt-der-liberale-staat-1.17432314.

---

[31] So z.B. EGMR (Große Kammer) 26. 10. 2000, Appl 30985/96 Hasan und Chaush vs Bulgarien; EGMR 31. 7. 2008, Appl 40895/98 Jehovas Zeuge u.a. vs Österreich.

Hegel, Georg Wilhelm Friedrich (1989): Auf der Grundlage der Werke von 1832-1845 neu edierte Ausgabe. Bd. 12: Vorlesungen über die Philosophie der Geschichte. 2. Aufl. Frankfurt/Main.

Heinig, Hans Michael/ Walter, Christian (Hg.) (2007): Staatskirchenrecht oder Religionsverfassungsrecht. Ein begriffspolitischer Grundsatzstreit. Tübingen.

Hitchcock, James (2004): The Supreme Court and Religion in American Life, Bd. 1. Princeton.

Hofmann, Hasso (1995): Verfassungsrechtliche Perspektiven. Aufsätze aus den Jahren 1980-1994. Tübingen.

Jellinek, Georg (1927): Die Erklärung der Menschen- und Bürgerrechte. Leipzig 1895, 4. Aufl. München.

Kisch, Guido (1955): Forschungen zur Rechts- und Sozialgeschichte der Juden in Deutschland während des Mittelalters. Stuttgart.

Klein, Richard (1972): Der Streit um den Victoriaaltar. Die dritte Relatio des Symmachus und die Briefe 17, 18 und 57 des Mailänder Bischofs Ambrosius. Einführung, Text, Übersetzung und Erläuterungen. Darmstadt.

Koenig, Matthias (2012): Recht auf Religionsfreiheit – ein neuzeitliches Differenzierungsmuster und seine Entstehung, in: Gabriel, Karl/ Gärtner, Christel/ Pollack, Detlef (Hg.), Umstrittene Säkularisierung. Soziologische und historische Analysen zur Differenzierung von Religion und Politik. Berlin, S. 293-313.

Kosuch, Andrea (2011): Abbild und Stellvertreter Gottes. Der König in herrschaftstheoretischen Schriften des späten Mittelalters (Passauer Historische Forschungen Bd. 17). Köln u.a.

Labrousse, Elisabeth (1985): Une foi, une loi, un roi? La révocation de l'Edit de Nantes. Paris.

Landau, Peter (1981): Zu den geistigen Grundlagen des Toleranz-Patents Josephs II., in: Österreichisches Archiv für Kirchenrecht 32, S. 187–203.

Lewis, Bernard (1991): Die politische Sprache des Islam. Berlin.

Luf, Gerhard (1993): Die religiöse Freiheit und der Rechtscharakter der Menschenrechte, in: Schwartländer, Johannes (Hg.), Freiheit der Religion. Christentum und Islam unter dem Anspruch der Menschenrechte (Forum Weltkirche Bd.2). Mainz, S. 72-92.

Meyer-Zwiffelhoffer, Eckhard (2009): Imperium Romanum. Geschichte der römischen Provinzen. München.

Mückl, Stefan (2005): Die Europäisierung des Staatskirchenrechts. Baden-Baden.

Nolte, Paul (2009): Religion und Bürgergesellschaft. Brauchen wir einen religionsfreundlichen Staat? Berlin.

Potz, Andrea (2013): Eugenius. Ein Usurpator im Brennpunkt einer Wende? (Hist. Diplomarbeit, Univ. Wien).

Potz, Richard (2011): Mission und Religionsfreiheit, in: Stowasser, Martin/ Helm, Franz (Hg.), Mission im Kontext Europas. Interdisziplinäre Beiträge zu einem zeitgemäßen Missionsverständnis (Wiener Forum für Theologie und Religion Bd. 3). Göttingen 2011, S. 57-70.

Potz, Richard (2012): Das Islamgesetz 1912 und der religionsrechtliche Diskurs in Österreich zu Beginn des 20. Jahrhunderts, in: Olechowski, Thomas/ Neschwara, Christian/ Lengauer, Alina (Hg.), Grundlagen der österreichischen Rechtskultur (FS Ogris zum 75. Geburtstag). Wien, S. 385–408.

Rohe, Mathias (2009): Das islamische Recht. Geschichte und Gegenwart. München.

Szabó-Bechstein, Brigitte (1991): Libertas ecclesiae vom 12. bis zu Mitte des 13. Jahrhunderts. Verbreitung und Wandel des Begriffs seit seiner Prägung durch Gregor VII, in: Fried, Johannes (Hg.), Die abendländische Freiheit vom 10. zum 14. Jahrhundert. Der Wirkungszusammenhang von Idee und Wirklichkeit im europäischen Vergleich (Vorträge und Forschungen 39), Sigmaringen, 147–176.

Schmitt, Carl (1950): Der Nomos der Erde im Völkerrecht des Jus publicum europäum, Köln.

Troianos, Spiros N. (2011): Oi peges tou byzantinou dikaiou, Athen, 3. Auflage.

von Campenhausen, Axel/ de Wall, Heinrich (2006): Staatskirchenrecht. München, 4. Auflage.

Wissowa, Georg (1918): Interpretatio Romana. Römische Götter im Barbarenlande, in: Archiv für Religionswissenschaft 19, S. 1–49.

Wittig, Andreas Michael (1987): Die orthodoxe Kirche in Griechenland. Ihre Beziehung zum Staat gemäß der Theorie und der Entwicklung von 1821–1977 (Das östliche Christentum, NF Bd. 37). Würzburg 1987.

Die Geschichte der Religionsfreiheit in Zentral- und Westeuropa – Grundzüge und Aspekte

Helmut Reinalter

Einleitung

Die Religionsfreiheit ist heute als Grund- und Menschenrecht anzusehen. Sie versteht sich vor allem als Freiheit eines Menschen, *„seine Glaubensüberzeugung oder ein weltanschauliches Bekenntnis frei zu bilden und seine Religion oder Weltanschauung ungestört auszuüben sowie ihren Gesetzmäßigkeiten entsprechend zu handeln... "*[1] Sie ist im Artikel 18 der Allgemeinen Erklärung der Menschenrechte der UNO enthalten (Bielefeldt 2008, S. 48; Böckenförde, 1990). Dass die Debatte über die Religionsfreiheit historisch bis in die frühe Neuzeit zurückgeht, verdeutlichen viele Beispiele aus der Geschichte der Religionsfreiheit. So wurden mehrere päpstliche Verurteilungen ausgesprochen. Erst mit der Konzilserklärung Dignitatis humanae vom 7. Dezember 1965 kam es dann zur offiziellen katholischen Anerkennung der Religionsfreiheit (vgl. Bielefeldt 2008, S. 59f). In ihrer historischen Entwicklung hat sich als Reaktion auf sie Angst ausgebreitet, weil sie ein „sperriges" Menschenrecht darstellt und eine Umwälzung im Verhältnis zwischen Staat und Religionsgemeinschaft bewirkt hat, dass nämlich Fragen der religiösen Überzeugung, Orientierung und Lebenspraxis nicht mehr staatlicher Regelung unterstanden, sondern der Freiheit des Menschen überlassen wurden (vgl. Bielefeldt 2008, S. 61f). Dies führte zu Konsequenzen für die Religionsgemeinschaften und den Staat. In der Geschichte der Religionsfreiheit zeigt sich, dass – wie die Menschenrechte – diese mit der Menschenwürde eng verbunden sind. Dabei geht es vor allem darum, dass die freie Selbstbestimmung des Menschen respektiert und anerkannt wird. Da der Schutz der Religionsfreiheit auch nichttheistische Weltanschauungen betrifft, spricht man in der Diskussion nicht nur von Religionsfreiheit, sondern sogar von *„Religions- und Weltanschauungsfreiheit"* (vgl. Bielefeldt 2008, S. 66). Dass es aber auch Grenzen der Religionsfreiheit gibt, zeigen in der Geschichte mehrere Ereignisse und jüngst auch der religiös orientierte Terrorismus.

---

[1] Wikipedia Art. Religionsfreiheit, http://de.wkipedia.org/wiki/Religionsfreiheit; vgl. auch den Art. „Religionsfreiheit" im Lexikon für Theologie und Kirche 8. Bd., 2. Aufl., hg. von Michael Buchberger, Freiburg/Br. 1936, Sp. 773f.

Geschichte der Religionsfreiheit in Mitteleuropa

In Europa wurde heftig um die Menschenrechte gekämpft. Im Kampf um Religionsfreiheit standen zunächst nicht die einzelnen Menschen im Vordergrund, sondern die politischen Institutionen, denen man die religiöse Orientierung nehmen wollte. Der Staat benötigte daher eine neue Basis, die als legitim eingestuft werden konnte. Dazu gab es drei Möglichkeiten: die Gründung des Staates auf einen überkonfessionellen oder überreligiösen Gott als gleichsam höchster Instanz, auf die Menschenwürde oder die „Selbstvergottung" des Menschen, was das Entstehen von Diktaturen und anderen totalitären Regimen förderte (vgl. Bielefeldt 2008, S. 67).

In Deutschland waren im 16. Jahrhundert weltliche Herrschaft und Religion miteinander institutionell verbunden. Die Reformation spaltete in der ersten Hälfte des 16. Jahrhunderts den christlichen Glauben, weshalb das Problem der Anerkennung nichtkatholischer Konfessionen und der Religionsfreiheit im Reich große Brisanz erhielt. Die Anerkennung der lutherischen oder seit 1530 Augsburgischen Konfession wurde in §15 des Augsburgischen Religionsfriedens vom 25. September 1555 vollzogen (ibid.). Ausgeschlossen blieben andere Konfessionen, wie z.B. der Calvinismus. Die damit entstandene „Glaubenstrennung" gestand dem Individuum nicht das Recht zu, Glauben oder Bekenntnis frei wählen zu können. Das ius reformandi, die Wahl konnte nur der Lehensherr für seine Untertanen und die Städte für ihre Bürger treffen. Diese Entscheidung war für die Untertanen und Bürger nach dem Grundsatz cuius regio eius religio verbindlich (vgl. Brieskorn 2008, S. 17). Für die Andersgläubigen gab es im §24 des Augsburger Religionsfriedens allerdings das Recht, „unter Zahlung von Nachsteuer bei Mitnahme seiner Habe in ein von seiner Konfession beherrschtes Gebiet ab zu wandern..."[2]

Aus katholischer Perspektive war das ius emigrandi nur eine kleine Einschränkung des ius reformandi. Dieses ermöglichte der Obrigkeit die Bestimmung der Konfession und die Ausweisung fremdkonfessioneller Untertanen. Bei aller Zurückhaltung bildete das ius emigrandi einen kleinen Weg zur Anerkennung der Religionsfreiheit in Form „religiöser Freizügigkeit" (Borowski 2009, S. 19).

Größere Änderungen brachte später der Westfälische Friede von 1648 (ibid.). Nach diesem Friedensschluss wurde das Recht des Einzelnen auf Religionsfreiheit durch den Trennstrich zwischen öffentlicher und privater Religionsausübung weiter ausgebaut. Grundsätzlich wurde durch diesen Frieden das System des Augsburger Religionsfriedens bestätigt, dem allerdings durch „Auslegung" erst eine gültige Form verliehen werden sollte. Sie zog mehrere Änderungen nach sich, wie z.B. die Anerkennung des calvinistischen Bekenntnisses, weitere Bekenntnisse waren ausgeschlossen. Das religiöse Bestimmungsrecht des Landesherren, das „ius reformandi", fand zwar eine Bestätigung, durch eine Neuerung allerdings

---

[2]   Der Text auf Deutsch ist abgedruckt in: Buschmann 1994, S. 217ff; vgl. auch Borowski 2009, S. 18f.

auch eine gewisse Einschränkung, nämlich die Festsetzung eines „Normaljahres" (1624) (vgl. Borowski 2009, S. 20). Diese Festlegung wurde auf die katholischen Untertanen von Reichsständen der Augsburgischen Konfession erweitert.

> *„Dem Landesherren blieb es zwar unbenommen, in Ausübung des ‚ius reformandi' ein vom Normaljahr abweichendes Bekenntnis fest zu setzen, den im Normaljahr gewährten faktischen Stand der Religionsfreiheit konnte er jedoch nicht unterschreiten. Das Bestimmungsrecht des Landesherren beschränkte sich daher im Ergebnis darauf, zusätzlich zu dem Bekenntnis im Normaljahr eines der anderen beiden Bekenntnisse oder sogar die anderen beiden Bekenntnisse zuzulassen oder den Schutz ihrer Ausübung zu intensivieren."* (Duchhardt 1991, S. 143 ff)[3]

Der Grundsatz cuius regio eius religio wurde eingeschränkt, das ius emigrandi bestätigt und die Religionsfreiheit insgesamt stark erweitert (vgl. Borowski 2009, S. 22), insbesondere auch durch die Gewährung der Allgemeinen Gleichheit: *„Ob die Untertanen... katholischen oder Augsburgischen Bekenntnisses sind, sollen sie doch nirgends wegen ihres Bekenntnisses verachtet... werden..., vielmehr sollen sie... in gleicher Weise wie ihre Mitbürger Recht, Gerechtigkeit und Schutz genießen."* (zit. ibid.) Ein grundsätzlicher Schutz war allerdings das System der Religionsfreiheit des Westfälischen Friedens noch nicht.

In Fragen der Toleranz in der Religion überschritt Preußen das lutherisch orientierte Land mit katholischen und calvinistischen Minderheiten die Grenzen des Westfälischen Friedens. Im Wöllnerschen Religionsedikt von 1788 wurden die drei im Westfälischen Frieden anerkannten Bekenntnisse gleichmäßig geschützt und auf andere Bekenntnisse ausgedehnt. Im Allgemeinen Preußischen Landrecht 1794 wurde die tolerante Praxis in Religionsfragen in Gesetzesform festgehalten (II. Teil, 11. Titel):

> *„§1. Die Begriffe der Einwohner des Staats von Gott und göttlichen Dingen, der Glaube und der innere Gottesdienst, können kein Gegenstand von Zwangsgesetzen sein. §2. Jedem Einwohner im Staate muss eine vollkommene Glaubens- und Gewissenfreiheit gestattet werden. §3. Niemand ist schuldig, über seine Privatmeinungen in Religionssachen Vorschriften vom Staate anzunehmen. §4. Niemand soll wegen seiner Religionsmeinungen beunruhigt, zur Rechenschaft gezogen, verspottet oder gar verfolgt werden."* (zit. Borowski 2009, S. 22f)

Diese Festlegungen waren zwar ziemlich weitgehend, hatten aber noch keinen Verfassungsrang, wie z.B. die Grundrechte moderner Verfassungen. Drei Jahre nach dem Allgemeinen Landrecht kam es zur Aufhebung des Wöllnerschen Religionsedikts mit seinen Beschränkungen der religiösen Freiheit. So entwickelte

---

[3] S. dazu: Schindling 2003, S. 19ff; Wolf 2005.

sich die preußische Toleranz in Religionsangelegenheiten zu einem starken Impuls für die Entwicklung der Religionsfreiheit in Deutschland.

In der Deutschen-Bundesakte 1815 stand in §16, Satz 1 die reichsrechtliche Gleichstellung der drei im Westfälischen Frieden anerkannten Bekenntnisse (vgl. Borowski 2009, S.23). In einer ersten Welle der einsetzenden Verfassungsbewegung wurde von mehreren Staaten Gewissensfreiheit in den Grundrechten festgehalten, und nach der Julirevolution in Paris 1830 kam es dann zu einer zweiten Welle der Verfassungsgebung in den mitteldeutschen Staaten mit Hinweisen auf die Freiheit des Gewissens und der Religionsausübung (vgl. Borowski 2009, S. 24). Obwohl die Verfassung des Deutschen Reiches 1848/49 scheiterte, hatte sie für die weitere Entwicklung der Grundrechte in Deutschland einige Bedeutung. Die allgemeine Konzeption der Grundrechte der Frankfurter Reichsverfassung war ein nicht zu unterschätzender Fortschritt. Dies galt auch für die Glaubens- und Gewissensfreiheit (vgl. Borowski 2009, S.25f). Grundrechte suchte man in der Verfassung des Norddeutschen Bundes und in der Verfassung des Deutschen Reiches 1871 vergeblich. Eine Ausnahme bildete hier nur die Niederlassungs- und Gewerbefreiheit, von Religionsfreiheit war keine Rede.

Einen umfangreichen Katalog von Grundrechten enthielt dann erst die Weimarer Reichsverfassung. Im Vergleich zur Frankfurter Verfassung, die als Vorlage herangezogen wurde, gab es hier in der Gewährung der Glaubens- und Gewissensfreiheit keine neuen Grundrechtsergänzungen.[4] Der Versuch, die Glaubens- und Gewissensfreiheit auf alle christlichen Konfessionen und nichtchristlichen Religionen zu erweitern, konnte als gelungen angesehen werden.

Auch Österreich war von Beginn an Teil des Reformationsprozesses. Flugschriften hatten für die Verbreitung reformatorischer Bestrebungen eine nicht zu unterschätzende Bedeutung, obwohl es auch Verordnungen und Maßnahmen gegen sie gab. Durch das Augsburger „Interim" von 1548 wurde ein Sondergesetz für die Protestanten erlassen, das jedoch auf Österreich nicht angewandt werden konnte, weil es offiziell hier noch kein evangelisches Kirchensystem, keine eigene Kirchenorganisation, gab.

„Für die habsburgischen Länder und Salzburg war die ‚Formula reformationis' relevant, die unter Umgehung Roms und des damals bereits tagenden Konzils von Trient gleichzeitig mit der Sondergesetzgebung für die Protestanten auf dem Augsburger Reichstag 1548 erlassen wurde und für die Altgläubigen vorgesehen war." (Borowski 2009, S. 28f)

Wichtig wurde dann auch für Österreich der Augsburger Religionsfriede von 1555. Seine Bestimmungen ermöglichten die friedliche Koexistenz beider Konfessionen im Reich. Nach diesem Frieden stand die Religionsfrage im Zentrum der politischen Auseinandersetzung der Länder mit ihren Habsburgischen Landesherren.

---

4   Vgl. die angeführten Beispiele bei Borowski 2009, S. 26f.

In der Habsburgermonarchie war der Josephinismus mit dem josephinischen Reformkomplex für die Religionsfreiheit bedeutsam. Das ausgehende 18. Jahrhundert brachte hier eine eingeschränkte religiöse Toleranz. In der Folge des gesellschaftlichen Strukturwandels und durch die Beseitigung der Monopolstellung des Jesuitenordens war in Österreich nach der Gegenaufklärung schon vor Joseph II. eine katholische Reformbewegung entstanden, die nicht ohne Wirkung blieb. Unter Maria Theresia und Joseph II. schmolzen verschiedene geistige Strömungen und Traditionen zusammen, die den Josephinismus bildeten, wobei jedoch Jansenismus, Reformkatholizismus, katholische Aufklärung und Febronianismus als unterschiedliche Tendenzen einer umfassenderen Reformbewegung hervortraten. Sicher ist, dass sich zwei große Entwicklungslinien im Zusammenhang mit der Frage nach den Wurzeln des Josephinismus erkennen lassen: eine Teils österreichische, teils europäische staatskirchliche Tradition, die weit ins Mittelalter zurück reicht, und die Ideen der Aufklärung, vor allem die Vorstellung von Leibniz, Wolff, die der italienischen Aufklärer Giannone und Muratori und auch Anregungen französischer Aufklärer. So flossen in der Habsburgermonarchie verschiedene Strömungen und Bewegungen zusammen, die diese spezifische Eigenart der Kirchenpolitik Josephs II. formten (vgl. Borowski 2009, S. 43ff; 47f; Leeb 2003, S. 194f). 1781 erließ Kaiser Joseph II. das Toleranzedikt, das den Bekennern der Augsburgischen und Helvetischen Konfessionen sowie den Griechisch-Orthodoxen die vollen Bürgerrechte und im beschränkten Maße auch die Kultusfreiheit gab. Das Toleranzpatent

> *„... brachte den beiden protestantischen Konfessionen in den österreichischen und böhmischen Ländern die bürgerliche Gleichstellung ihrer Gläubigen mit den Katholiken, die Legalisierung der zuvor als Untergrundkirche (‚Geheimprotestantismus‘) organisierten evangelischen Kirchengemeinden und die Möglichkeit zur Gründung neuer Kirchengemeinden."*[5]

Diese rechtliche Gewährung der Toleranz stellte bei aller Unzulänglichkeit letztlich doch eine größere Freiheit, Menschenwürde und Glaubwürdigkeit dar.

In der Schweiz gab es bis zur Gründung der Helvetischen Republik keine Religionsfreiheit. In der Bundesverfassung von 1848 hatten nur die anerkannten christlichen Konfessionen die Kultusfreiheit. 1866 kam es zu einer Teilrevision der erwähnten Bundesverfassung, mit der den Juden in der Schweiz die Niederlassungsfreiheit und die volle Ausübung der Bürgerrechte gewährt wurde (vgl. Häfelin/ Haller 2005).

---

[5] Zum Josephinismus vgl. Klueting 1995, S. 98, Anm. 1; Tropper 2003, S. 296ff; Wodka 1959, S. 298ff; Reinalter 2008, bes. Einleitung S. 9ff; Reinalter 1993; Zöllner 1965, S. 203ff; Barton 1981a; 1981b.

Geschichte der Religionsfreiheit in Westeuropa

Frankreich musste in der zweiten Hälfte des 16. Jahrhunderts eine nach dem 100jährigen Krieg zweite Krise durchmachen. Die Gründe dafür waren der Niedergang der Dynastie nach dem Tod Heinrichs II. und die zunehmende konfessionelle und innenpolitische Konfrontation. Der Erfolg der Reformation in Frankreich 1552 bis 1560 zwang Heinrich II. vorübergehend zu einer Politik der Verfolgung, die viele Hugenotten ins Exil trieb. Das Toleranzedikt von 1562, das erstmals die öffentliche Ausübung des protestantischen Kultes erlaubte, blieb nur kurz in Kraft und führte noch im selben Jahr zum Ausbruch einer harten Konfrontation, die die Religionskriege einleitete. Erst mit dem Edikt von Nantes wurden diese beendet.

Die katholische Kirche Frankreichs wurde während der ersten Hälfte des 17. Jahrhunderts von einer großen Erneuerungsbewegung erfasst. Es kam in dieser Zeit zu Ordensgründungen, Reformen und zur Herausbildung einer neuen Frömmigkeit. Die allgemeine Entwicklung der Kirche war unter Ludwig XIV. geprägt vom Jansenismus, vom Konflikt mit dem Papsttum und vom protestantischen Problem. Eine Ordonnanz Ludwig XIV. 1673 unterwarf Erzbischöfe und Bischöfe dem königlichen Regalrecht, sodass eine über zwei Jahrzehnte dauernde Auseinandersetzung mit der römischen Kurie einsetzte. 1682 berief der König ein nationales Kirchenkonzil ein und proklamierte die Unabhängigkeit der französischen Kirche.

Im Jahre 1661 gab es ca. eine Million Calvinisten in Frankreich. Während der Adels-Fronde waren die Hugenotten der Krone gegenüber loyal, doch wurden die Protestanten vom katholischen Klerus als politischer Fremdkörper angesehen. Die Politik Ludwig XIV. in der Calvinistenfrage unterteilte sich in drei Perioden: eine Phase der verdeckten Verfolgung und der Berufung auf das Edikt von Nantes 1661 bis 1679, die offene Verfolgung im Zeitraum von 1679 bis 1685 und die Widerrufung des Edikts 1685 im neuen Edikt von Fontainebleau. Zunächst wurden von den Legisten für die Praxis die Grundsätze des Augsburger Religionsfriedens empfohlen. Später sah sich der französische König veranlasst, die Rechte der Protestanten aufzuheben und unterwarf diese einer zwangsweisen Konversion. Das Edikt von Nantes hatte die Formen der konfessionellen Existenz im Detail festgelegt. Wesentlich war hier die Gewährung der Gewissensfreiheit für die Reformierten in Frankreich und eine eingeschränkte Religionsfreiheit, was vor allem die reformierten Gottesdienste betraf (vgl. Mieck 1982, S. 229ff; Voss 1980, S. 81ff).

Hatten Aufklärung und Französische Revolution die Säkularisierung mit ihrem Einfluss auf die Religion schon vorangetrieben, kam es in Frankreich in der Dritten Republik zu einer Entwicklung zwischen Laizismus und Kirche, die sich besonders im Schul- und Bildungsbereich stark auswirkte und die Trennung von Staat und Kirche vorbereitete. Diese Veränderungen hatten auch Auswirkungen auf die Glaubens- und Religionsfreiheit in Frankreich (vgl. Schmale 2000, S. 181ff; S.227ff).

Die religiösen und politischen Konflikte im 17. Jahrhundert in Westeuropa förderten allgemein den Diskurs der Toleranz. In den niederländischen und französischen Diskussionen entwickelte sich in der frühen Neuzeit bereits in Ansätzen die Forderung nach einem individuellen Naturrecht auf Religionsfreiheit (vgl. Forst 2003, S.223ff).

In den Niederlanden fanden neben den christlichen Humanismus die Ideen Luthers Anfang des 16. Jahrhunderts und dann in den 1530er Jahren das Täufertum Verbreitung. Die Ketzerverfolgung verursachte in den Niederlanden verschiedene Flüchtlingsströme nach England und Deutschland, wo sich niederländische Exulantengemeinden herausbildeten, die unter zwinglianisch-calvinistischem Einfluss standen. Später wurden diese Zentren zu

„ ... Einfallstoren des Calvinismus in die Niederlande. Sowohl in Frankfurt als auch in Emden bildeten die Reformierten ,Kader'... aus, die den Calvinismus in den Niederlanden zum Erfolg führen sollten. " (North 2003, S. 27f)[6]

In den Niederlanden entstand durch den Calvinismus für die protestantischen Gruppen ein eigenes „Weltanschauungsgebiet", das sich von den Katholiken deutlich abgrenzte. In der zweiten Hälfte des 17. Jahrhunderts wurden neue Gemeinden ins Leben gerufen, Organisationsstrukturen entwickelt und calvinistische Konsistorien vermehrt, geheime Synoden abgehalten und die von Guy de Brès geschriebene Confessio Belgica (1561) als verbindliche Glaubenslehre verbreitet, sodass die Calvinisten als dominierende protestantische Bewegung zum konfessionellen Gegenpol zu den Katholiken und zum katholischen Besatzungsregime der Spanier wurden (vgl. North 2003, S. 28).

Der folgende niederländische Aufstand wurde in der Forschung als religiöser Konflikt beurteilt, weil er auch den Versuch der Calvinisten darstellte, die Freiheit der Religionsausübung gegenüber den Katholiken zu erreichen. In den Niederlanden existierten Mitte des 16. Jahrhunderts neben den Calvinisten eine strenggläubige Minderheit von Katholiken und zahlenmäßig eine starke Gruppe von Kryptoprotestanten bzw. mit den Protestanten sympathisierende Katholiken. Die Regierung verfolgte diese aus ihrer Sicht aktiven Ketzer sehr hart. Der Adel vertrat die Auffassung, dass aufgrund der ersten französischen Toleranzerklärung von 1562 eine Verfolgung der Ketzer nicht mehr erfolgen sollte. 1566 wollte der Adel durch eine Petition die Suspendierung der Ketzerverfolgung und eine Neuregelung der Religionsfrage anstreben. Ein von der gemäßigten Mehrheit gestarteter Versuch, eine Lösung für Katholiken und Protestanten zu finden, scheiterte an König Philipp II. vgl. North 2003, S. 31). In den Niederlanden konnte – wie z.B. im Deutschen Reich und in Frankreich – durch den Augsburger Religionsfrieden bzw. das Edikt von Nantes kein Kompromiss zwischen Herrscher, Ständen und Konfessionen hergestellt werden, was letztlich auf die Politik der führenden Personen zurückzuführen war. Die Forderung nach Toleranz wurde allerdings zu-

---

[6] S. dazu Duke 1990; Parker 1979; Lademacher 1983.

nehmend stärker, insbesondere in den städtischen Eliten. Die Republik gestaltete sich ab 1630 in den Niederlanden freier und toleranter in Religionsfragen. Positiv betroffen waren von dieser Entwicklung Remonstranten, Lutheraner, Mennoniten, Juden und Katholiken. Religiöse Toleranz begann sich langsam auszubreiten.

Die katholischen Könige von Spanien waren schon sehr früh darauf bedacht, eine Vermischung der Religionen möglichst zu vermeiden, obwohl diese Spanien im 13. Jahrhundert eine flexible Komplexität gegeben hatte (vgl. dazu Vilar 1990, S. 35). An ihre Stelle trat dann allerdings eine *„Einheitspassion"*, ein *„religiöser Ausschließlichkeitswahn"*, der für Ansätze zu einer Religionsfreiheit ungünstig war (ibid.). Die Häresien wurden von christlicher Seite zunehmend als Bedrohung angesehen. Es gab zwar auch in Spanien Reformatoren, die aber heftig verfolgt wurden und sich daher nicht entsprechend entfalten konnten. Alle reformatorischen Bemühungen der Protestanten wurden unter Philipp II. unterbunden, sodass im ausgehenden 16. Jahrhundert der Unitarismus erfolgreich war (vgl. Vilar 1990, S. 38).

Der Widerstand der römisch-katholischen Kirche gegen die Religionsfreiheit dauerte lange an und wurde erst mit dem Zweiten Vatikanischen Konzil durch die Erklärung der Religionsfreiheit beendet. Im Einleitungssatz von Dignitatis humanae heißt es bedeutungsvoll:

> *„Die Würde der menschlichen Person kommt den Menschen unserer Zeit immer mehr zum Bewusstsein, und es wächst die Zahl derer, die den Anspruch erheben, dass die Menschen bei ihrem Tun ihr eigenes Urteil und eine verantwortliche Freiheit besitzen und davon Gebrauch machen sollen, nicht unter Zwang, sondern vom Bewusstsein der Pflicht geleitet."*[7]

Literatur

Barton, Peter F. (Hg.) (1981a): Im Lichte der Toleranz. Wien.

Barton, Peter F. (Hg.) (1981b): Im Zeichen der Toleranz. Wien.

Bielefeldt, Heiner (2008): Religionsfreiheit als Menschenrecht. Ein klassisches Menschenrecht in der Kontroverse, in: Religionsfreiheit. Jahrbuch für Menschenrechte 2009, hg. von Heiner Bielefeldt u.a.. Wien – Köln – Weimar 2008, S. 58-77.

Böckenförde, Ernst-Wolfgang (1990): Religionsfreiheit. Die Kirche in der modernen Welt. Freiburg/Br..

Borowski, Martin (2009): Die Glaubens- und Gewissensfreiheit des Grundgesetzes. Tübingen.

Brieskorn, Norbert (2008): Der Kampf um die Religionsfreiheit in der Geschichte, in: Religionsfreiheit. Jahrbuch Menschenrechte 2009, hg. von Heiner Bielefeldt u.a.. Wien – Köln – Weimar 2008, S. 15-28.

Buschmann, Arno (1994): Krise und Reich. Verfassungsgeschichte des Heiligen Römischen Reiches Deutscher Nation vom Beginn des 12. Jahrhunderts bis zum Jahre 1806 in Dokumenten/

---

[7] Erklärung über die Religionsfreiheit „Dignitatis humanae", in: Lexikon für Theologie und Kirche, 2. Aufl. Sonderausgabe Freiburg/Br. 1986, Bd. 13. S. 703ff., hier Zif. 1, S.713; s. dazu Kaufmann 2011, S. 104.

Vom Westfälischen Frieden 1648 bis zum Ende des Reiches im Jahre 1806, Bd. 1. Baden-Baden.

Duchhardt, Heinz (1991): Deutsche Verfassungsgeschichte 1495 bis 1806. Stuttgart.

Duke, Alastair (1990): Reformation and Revolt in the Low Countries. London.

Forst, Rainer (2003): Toleranz im Konflikt. Geschichte, Gehalt und Gegenwart eines umstrittenen Begriffs. Frankfurt/M.

Häfelin, Ulrich/ Haller, Walter (2005): Schweizerisches Bundesstaatsrecht. Zürich, 6. Aufl.

Kaufmann, Franz-Xaver (2011): Kirchenkrise. Wie überlebt das Christentum? Freiburg.

Klueting, Harm (Hg.) (1995): Der Josephinismus. Ausgewählte Quellen zur Geschichte der theresianisch-josephinischen Reformen. Darmstadt.

Lademacher, Horst (1983): Geschichte der Niederlande. Darmstadt.

Leeb, Rudolf (2003): Der Streit um den wahren Glauben – Reformation und Gegenreformation in Österreich, in: Geschichte des Christentums in Österreich, hg. von Rudolf Leeb u.a.. Wien, S. 145-280.

Mieck, Ilya (1982): Die Entstehung des modernen Frankreich 1450 bis 1610. Stuttgart.

Parker, Geoffrey (1979): Der Aufstand der Niederlande. Von der Herrschaft der Spanier zur Gründung der Niederländischen Republik 1549-1609. München.

Reinalter, Helmut (Hg.) (1993): Der Josephinismus. Bedeutung, Einflüsse und Wirkungen. Frankfurt/M.

Reinalter, Helmut (Hg.) (2008): Josephinismus als Aufgeklärter Absolutismus. Wien.

Schindling, Heinz (2003): Der Westfälische Frieden und die deutsche Konfessionsfrage. Stuttgart.

Schmale, Wolfgang (2000): Geschichte Frankreichs. Stuttgart.

Tropper, Peter G. (2003): Von der katholischen Erneuerung bis zur Säkularisation 1648-1815, in: Geschichte des Christentums in Österreich, hg. von Rudolf Leeb u.a.. Wien, S. 281-360.

Vilar, Pierre (1990): Spanien. Das Land und seine Geschichte von den Anfängen bis zur Gegenwart. Berlin.

Voss, Jürgen (1980): Geschichte Frankreichs Bd. 2. Von der frühneuzeitlichen Monarchie zur Ersten Republik 1500 bis 1800. München.

Wodka, Josef (1959): Kirche in Österreich. Wien.

Wolf, Marie (2005): Die historische Entwicklung der Religionsfreiheit. Im Heiligen Römischen Reich Deutscher Nation und im Herzogtum Preußen. München.

Zöllner, Erich (1965): Bemerkungen zum Problem der Beziehungen zwischen Aufklärung und Josephinismus, in: Österreich und Europa. Festgabe für Hugo Hantsch zum 70. Geburtstag. Graz, S. 203-221.

3. FALLSTUDIEN

„Eine Moschee mit Minarett pro Bundesland!" Zum Umgang mit der muslimischen Religion im öffentlichen Raum in Österreich

Farid Hafez

Einleitung

Anas Schakfeh, bis Ende Juni 2011 Präsident der Islamischen Glaubensgemeinschaft in Österreich, äußerte sich in einem Interview mit der Austria Presse Agentur im August 2010 zum Thema Moscheen und Minarette. *„Eine Moschee mit Minarett pro Bundesland"* titelten zahlreiche Tageszeitungen[1] und unterstellten Schakfeh indirekt symbolische Machtansprüche. Nicht unerwartet waren die Reaktionen von FPÖ und BZÖ, die in Minaretten *„Symbole des Islamismus"* sahen und Schakfeh *„radikale Gesinnungen"* unterstellten. Die Äußerungen wurden aber auch von Personen, denen keinesfalls eine rechte Gesinnung nachgesagt werden kann, kritisch kommentiert. Josef Votzi vom Kurier meinte, die *„Minarett-Provokation"* mache Schakfeh zum *„Kurt Krenn des Islam".*[2] Und selbst aus der Bundespräsidentschaftskanzlei hieß es, der Bundespräsident Heinz Fischer sei *„nicht ganz glücklich […] mit den Aussagen des Präsidenten" und meinte man, wenn Schakfeh nochmals nachdenke, „… wird er erkennen, dass er keinen guten Zeitpunkt für eine sachliche Diskussion gewählt hat."* Der Bundespräsident verwies hier auf die Wiener Gemeinde- und Landtagswahlen, die später wie so oft von Seiten der Freiheitlichen einen äußerst geschmacklosen Wahlkampf zu erwarten ließen (Hafez 2011). Die Äußerungen von Nowak und Fischer (die nicht vergleichbar miteinander sind) veranschaulichen umso mehr die Schwierigkeit, über scheinbar triviale Religionsangelegenheiten emotionslos zu sprechen. Selbst eine Person wie der Bundespräsident, der in seinem Amt wie auch speziell in der Person Heinz Fischers stets als staatstragende, ausgewogene und auf alle Gruppen der Gesellschaft bedachte Figur auftritt, scheint unter dem Druck der Rechtspopulisten hier auf diese „Rücksicht" zu nehmen. Schakfeh aber begründet seine „Vision" mit Verweis auf die Verfassung: *„Denn auf lange Sicht kann man Menschen*

---

[1] NEWS-Redaktion: Moschee mit Minarett in jedem Bundesland: Anas Schakfehs "Hoffnung für die Zukunft". Sonntag, 22. August 2010. Online: http://www.news.at/a/moschee-minarett-bundesland-anas-schakfehs-hoffnung-zukunft-275962 (Zugriff am 27.11.2012).

[2] "KURIER"-Kommentar von Josef Votzi: „Kurt Krenn des Islam" Anas Schakfehs Minarett-Provokation - ein Bärendienst für unsere Muslime. 23. Aug. 2010. Online: http://www.ots.at/presseaussendung/OTS_20100823_OTS0187/kurier-kommentar-von-josef-votzi-kurt-krenn-des-islam (Zugriff am 27.11.2012).

nicht verbieten, ihre wirkliche religiöse Freiheit, die verfassungsgeschützt ist, auszuüben [...] Deshalb bin ich für die Zukunft optimistisch, dass es irgendwann zu einer Normalität kommt." Was Schakfeh zu sagen beabsichtigte war, dass die muslimische Religionspraxis im öffentlichen Raum einmal zu einer Selbstverständlichkeit werden würde, ähnlich der evangelischen Kirchen, die vor 150 Jahren keine Türme aufweisen durften und heute als selbstverständlich betrachtet werden.

Diese Auseinandersetzung nehme ich hier zum Anlass, Konflikte um religiöse Praxis im öffentlichen Raum am Beispiel von muslimischen Gebetsstätten in Österreich zu besprechen. Nach einem kurzen historischen Rückblick soll auf die veränderte Bedeutung von muslimischen Gebetsräumen vor dem Hintergrund einer sich verändernden muslimischen Gesellschaft eingegangen werden. Sodann wird ein kurzer Überblick über Auseinandersetzungen um lokale muslimische Gebetsräumlichkeiten gegeben sowie Debatten um Moschee- und Minarettbauverbote in verschiedenen Bundesländern angesprochen, die die unterschiedlichen Rahmenbedingungen als wichtigste Komponenten in den Auseinandersetzungen benennen. Diese vergleichende Zusammenschau soll es erlauben, den Hintergrund zu verstehen, warum eine Vision eines Vertreters des offiziellen Islams, die streng genommen als verfassungsrechtlich gegebene Selbstverständlichkeit zu gelten hätte, in einer demokratischen verfassten Gesellschaft so umstritten sein kann.

Der Islam im österreichischen Religionsrecht

Erstmals sollte das josephinische Toleranzpatent aus dem Jahre 1781 die gesetzliche Anerkennung von Religionsgemeinschaften regeln. Neben der Evangelischen Kirche A u HB sowie der Griechisch-orthodoxen Kirche wurde über die so genannten Judenpatente die Israelitische Religionsgesellschaft als *„privilegierte Corporation(en) des öffentlichen Rechts"* anerkannt (Art. 15 Staatsgrundgesetz = StGG). 1874 erging *„das Gesetz [...] betreffend die gesetzliche Anerkennung von Religionsgesellschaften"*, welches die rechtlichen Voraussetzungen für eine Anerkennung bestimmte (Kalb/ Potz/ Schinkele 2003, S. 93-102). Ein Patent vom 5. November 1855 zwischen Papst Pius IX. und Franz Joseph I. erklärte beide als gleichberechtigte Partner einer ausgehandelten Vereinbarung (Konkordat), die von der Idee, dass *„der Staat nicht einseitig in Fragen der Religion Recht setzen kann, dass Staat und Religionsgemeinschaft gleichberechtigt nebeneinander stehen"* getragen war (Bair 2002, S. 8-11). Heute sichern Art. 14 StGG die Glaubens- und Gewissensfreiheit und Art. 15 StGG die öffentliche Religionsausübung für anerkannte Kirchen und Religionsgesellschaften (Kalb 2002, S. 40). Hiermit wurden bereits die ersten Grundlagen für das heute als „Koordinationsmodell" benannte Verhältnis gelegt. Damit wird eine Beziehung zwischen Staat und anerkannten Kirchen und Religionsgesellschaften beschrieben, die Staat und Kirchen und Religionsgesellschaften als kooperierende Partner/innen begreift (Potz 2002, S. 13). Während das josephinische Toleranzpatent die Religionsausübung anderer Religionsgruppen außer der Katholischen Kirche zwar erlaubte, aber auf den privaten Raum beschränkte, wurde mit dem Anerkennungsgesetz die öffentliche Religionsausübung legalisiert. Die Errichtung von Gebetshäusern für andere Kirchen und Religionsgesellschaften außer der Katholischen Kirche wurde damit erstmals auf legalen Boden gestellt (Kalb/ Potz/ Schinkele 2003, S. 625).

Die Okkupation Bosniens und der Herzegowina im Jahre 1878 konfrontierte die k.u.k. Monarchie zum ersten Mal mit der Frage der Art der Verwaltung der religiösen Angelegenheiten von Muslim/innen in Österreich. Durch die de facto Annexion im Jahre 1908 kam es zu einer notwendigen Auseinandersetzung mit der Frage der Anerkennung der islamischen Religionsausübung, da das Recht der öffentlichen Religionsausübung wie oben ausgeführt mit dem Status der Anerkennung verknüpft war. So wird im Juni 1909 von der Regierung Bienerth-Schmerling im Herrenhaus ein Gesetzesentwurf eingebracht, der beabsichtigt, den Anhänger/innen des Islam eine Anerkennung als Religionsgesellschaft durch ein Gesetz zu erteilen. Mit dem Islamgesetz vom 15.07.1912 wurden die Muslim/innen Angehörige einer anerkannten Religionsgesellschaft, vorerst jedoch ohne dass es zur Ordnung der äußeren Rechtsverhältnisse kam. Das Islamgesetz sicherte den Muslim/innen einstweilen das Recht der gemeinsamen öffentlichen Religionsausübung (Kalb/ Potz/ Schinkele 2003, S. 626). Europäische Einzigartigkeit erhält das IslamG 1912 v.a. dadurch, dass es den

> *„ersten historischen Versuch dar*[-stellt, F.H.], *den europäischen Islam in einen multikonfessionellen Rechtsstaat mit einem speziellen religionsrechtlichen System zu integrieren, dem das Konzept zugrunde lag, den Religionsgemeinschaften eine öffentlich rechtliche Stellung einzuräumen"* (Kalb/ Potz/ Schinkele 2003, S. 627).

Erst mit der beginnenden Immigration nach Österreich Anfang der 1950er und 1960er Jahre organisierten sich wieder Muslim/innen, deren Zahl in der Zwischenkriegszeit und während des Austrofaschismus und des Nationalsozialismus verschwindend klein war, um sich berufend auf das Islamgesetz 1912 zu organisieren. Eine Vorreiterrolle nahm hier der „Muslimische Sozialdienst" ein, der es sich per Statut explizit zum Ziel gesetzt hatte, die Errichtung einer regionalen islamischen Kultusgemeinde auf Basis des Islamgesetzes zu ermöglichen (Hafez 2012, S. 40-45). Seit 1979 ist die Islamische Glaubensgemeinschaft in Österreich (IGGiÖ) eine von heute 14 anerkannten Kirchen und Religionsgesellschaften. Damit fallen auch die Muslim/innen, die per Verfassung der IGGiÖ von dieser in religiösen Angelegenheiten vertreten werden, in den Genuss der Freiheit der öffentlichen Religionsausübung.

Mit der Anerkennung geht auch das Recht auf freie Religionsausübung im öffentlichen Raum einher, was die Errichtung von Gebetsstätten inkludiert. Artikel 6 lit. a der Erklärung der Vereinten Nationen über die Beseitigung aller Formen von Intoleranz und Diskriminierung aufgrund der Religion oder der Überzeugung schließt das Recht auf Gedanken-, Gewissens-, Religions- und Überzeugungsfreiheit unter anderem die Freiheit ein, *„im Zusammenhang mit einer Religion oder*

Überzeugung Gottesdienste abzuhalten oder sich zu versammeln sowie hierfür Versammlungsorte einzurichten und zu unterhalten" (zit.n. Gampl/ Potz/ Schinkele 1990). Zudem ist die öffentliche Religionsausübung im Europäischen Kontext durch Art. 9 der Europäischen Menschenrechtskonvention garantiert. Es hat sich in der Praxis der europäischen Judikatur gezeigt, dass diese im Sinne der Rechte von Minderheitsreligionen ausgelegt wird (Hafez/ Potz 2009, S. 143).

Die Errichtung muslimischer Gebetsstätten in Österreich

„Wir riefen Arbeitskräfte und es kamen Menschen" lautet der oft zitierte Satz des Schweizer Schriftstellers Max Frisch. Die Menschen nahmen ihre Religion mit, ließe sich zu unserer Thematik hinzufügen. Während der Beginn der Einwanderung aus der Türkei in den 1960er Jahren noch von der Einstellung geprägt war, irgendwann in die Heimat zurückzukehren, verfestigte sich mit der Zeit die Erkenntnis, dass es sich um keinen umkehrbaren Prozess handeln würde. Mit der Familienzusammenführung und der Geburt einheimischer Muslim/innen veränderte sich auch der organisatorische Umgang mit der Religion. Die Gründungswelle der bis heute quantitativ bedeutendsten muslimischen Dachverbände zeigt diese gedankliche Verschiebung: 1978 wurde die Islamische Union ins Leben gerufen, 1980 die Union Islamischer Kulturzentren, 1988 die Islamische Föderation, 1990 die Türkisch Islamische Union für Kulturelle und Soziale Zusammenarbeit in Österreich (ATIB) und 1994 der Dachverband Bosnisch-Islamischer Vereine, im Zuge der Flüchtlingsbewegungen aus Bosnien nach Österreich (Hafez 2012, S. 27f). Damit einher ging auch die Sichtbarwerdung muslimischer Religiosität im öffentlichen Raum. Bereits im Jahre 1979 wurde nach jahrelanger Vorbereitung das Islamische Zentrum Wien errichtet. Sie ist heute mit einer weiteren Moschee in Bad Vöslau, welche im Jahr 2009 errichtet wurde, eine von zwei nach außen hin sichtbaren Moscheen Österreichs (Fürlinger 2010, S. 189). Während das Islamische Zentrum Wien, dessen Vorstand sich aus den Botschaftsvertretern islamischer Länder in Österreich zusammensetzt, als Zeichen der Toleranz und Anerkennung gegenüber dem Islam sowie als Zeichen der kosmopolitischen Natur Wiens von höchsten Regierungsseiten und Kirchenvertretern begrüßt wurde, konnte die Moschee in Bad Vöslau erst nach einem Mediationsprozess, im Laufe dessen auch die Höhe der Minarette ausverhandelt wurde, 2009 eröffnet werden (Fürlinger 2010, S. 190 und 212). Die oft als „Hinterhofmoscheen" oder „Kellermoscheen" benannten Gebetsräume, die nach wie vor die mehr als 200 Gebetsräume der Muslim/innen Österreichs kennzeichnen, bringen diese Unsichtbarkeit zum Ausdruck. Überwiegend sind die Gebetsräumlichkeiten der österreichischen Muslim/innen nach außen nicht als Sakralbauten erkenntlich. Minarette, Kuppeln oder andere Symboliken bzw. architektonische Kennzeichen, die auf einen muslimischen Gebetsraum schließen lassen würden, fehlen. Oft lassen sich muslimische Gebetsräume lediglich durch ein Schild mit entsprechender Beschriftung – meist der Name des Trägervereins – erkennen (Kraft 2002, Schmitt 2003). Der Religions-

wissenschaftler Ernst Fürlinger weist darauf hin, dass drei Gebetsräume in Österreich – Innsbruck, Saalfelden und Telfs – nachträglich kurze Minarette anbrachten (Fürlinger2010, S. 189).

Die geringe Anzahl lässt bereits darauf schließen, dass der Bau von repräsentativen, nach außen hin als solche erkennbaren Moscheen nicht friktionslos vor sich geht. Während zu Beginn der Immigration Muslim/innen sich bewusst Lokale zur Überbrückung ihrer Zeit in Österreich angemietet hatten, wurden später vermehrt ganze Gebäude samt Grundstücke erworben bzw. auch neue Gebäude errichtet. In den letzten Jahren wurden eine Vielzahl an neuen kulturell-religiösen Gebäuden mit Gebetsräumen etwa von ATIB errichtet: In Bregenz (2000), Schwaz (2003), Lustenau (2005), Hall (2006), Wien 10 (2007), Landeck (2009), Wien 21 (2001) sowie in Linz (2007). Sie alle weisen kein Minarett auf. Jene Moscheen mit Minarette weisen eine ausgesprochen geringe Höhe auf. Das Minarett in Saalfelden bemisst sich auf neun Meter, jenes in Telfs auf 15 Meter (anstatt von ursprünglich geplant 20 Metern) und jenes in Innsbruck fünf Meter. Während das Minarett in Saalfelden weitgehend unbemerkt blieb, wurde gegen jenes in Telfs eine Petition von Gegnern unterschrieben, um den Bau zu verhindern. Die Auseinandersetzungen waren so aggressiv, dass der dortige Bürgermeister Drohschreiben erhielt und selbst der Bundespräsident sich zu dem Thema äußerte (Fürlinger 2010, S. 190ff).

Muslimische Gebetsräume brauchen aber kein Minarett, um Konflikte mit sich zu bringen. Eine Studie von Fürlinger zeigt, dass regionale Streitfragen auf nationaler Ebene diskutiert wurden. Im oberösterreichischen Traun kam es bereits 1998 zu einer Auseinandersetzung um einen von der Islamischen Föderation angemieteten Kiosk im Zentrum der Stadt, der in einen Gebetsraum für 90 Personen umgewandelt wurde. Unter dem Druck der FPÖ, die vor der „Bedrohung" warnte, lenkte der sozialdemokratische Bürgermeister ein und untersagte die – ohne Genehmigung begonnenen – Umbauten. Das Gebäude wurde daraufhin abgerissen. Seither nutzt die Islamische Föderation am Rande der Stadt ein kleines Gebäude für die Ausübung der kollektiven Gebetspraxis. Weitere Anfragen um Baugenehmigung von Gebetsräumen – dieses Mal durch die Union Islamischer Kulturzentren – in den Jahren 2007 und 2010 scheiterten am Votum des Gemeinderats. In Freistadt beabsichtigte ein islamischer Verein 2004 ein Gebäude im Zentrum der Stadt als Gebetsraum zu nutzen, was aber aufgrund des Protestes der Bevölkerung – unter Einflussnahme der FPÖ und einzelnen Personen der ÖVP – scheiterte. Der islamische Verein verkaufte das Haus und zog 2006 an die Peripherie der Stadt. In Reutte in Tirol kaufte ATIB eine ehemalige Autowerkstatt und kämpfte fünf Jahre mit der Nachbarschaft und der Gemeinde für die Umwidmung. Ein Minarett wurde nicht angedacht, so der Leiter, da es noch nicht zur Normalität gehöre und man jede Provokation vermeiden wollte. In Spittal an der Drau in Kärnten formierte sich nach ursprünglicher Zusage für eine Umwidmung durch den sozialdemokratischen Bürgermeister eine Bewegung gegen das Gebetshaus, das auch politisch von den Konservativen und den Rechtspopulisten (BZÖ in Kärnten und FPÖ auf Bundesebene) genutzt wurde. Auf diesen Vorfall geht ein Vorschlag Haiders auf ein Moschee- und Minarettbauverbot zurück. In Mauthausen wurden 2000 Unterschriften gesammelt, welches die Gemeinde 2008 dazu brachte, einen Antrag auf der ATIB abzulehnen, worauf kein weiteres Projekt in Angriff genommen wurde. Die Schmierereien *„Was unseren Vätern der Jud, ist für uns die Moslembrut, seid auf der Hut! 3. Weltkrieg – 8. Kreuzzug"* (2009) und *„Türk und Jud, giftig's Blut"* (2010) an den Mauern des ehemaligen Konzentrationslagers entstanden womöglich auch vor dem Hintergrund dieser „Auseinandersetzungen" (Fürlinger 2010, S. 191-194). In Wien wollte ATIB 1996 im 20. Bezirk ein Zentrum mit Gebetsraum ausbauen, wurde aber um Zurückhaltung gebeten und reichte erst 2007 wieder ein, worauf sich kurze Zeit später Bürger/innen gegen diesen Ausbau zusammenschlossen. Die Auseinandersetzung weitete sich aus, zog weitere Akteur/innen wie die FPÖ an (Kübel 2009) und wurde 2008 mit Konzessionen seitens des Trägervereins ATIB mit einem Positivbescheid seitens der Bezirksvertretung beendet (Fürlinger 2010, S. 194).

Diese Zusammenschau veranschaulicht, dass eine Spannung zwischen dem Recht auf freier Religionsausübung im öffentlichen Raum und der Ausübung dieses Rechts auf lokaler Ebene besteht. Dass Muslim/innen das Recht nicht erhalten, ist in erster Linie auf die restriktive Handhabe durch die Politik sowie auf die negative Einstellung von Teilen der Bevölkerung zurückzuführen. Darüber hinaus ist es ein gewisser vorauseilender Gehorsam seitens der Leiter muslimischer Verbände, das Konfliktpotential so gering wie nur möglich zu halten, der sie dazu führt, die Sichtbarkeit einer Gebetsstätte weitgehend der Unsichtbarkeit zu opfern (Fürlinger 2010, S. 213).

Moschee- und Minarettverbotsdebatten in Österreich

Öffentliche Debatten über muslimische Gebetsstätten und die Skandalisierung dieser sind kein österreichisches Phänomen. In vielen europäischen Ländern gibt es Akteur/innen, die durch den Versuch einer inhaltlichen Verbindung von Moschee und Gewalt/Terror/Rückschrittlichkeit versuchen, die Errichtung muslimischer Gebetsstätten zu verhindern (Alievi 2010). Auch in den USA gibt es derartige Kampagnen (siehe beispielsweise: The Center for Security Policy 2010).

In Österreich kam es etwas verspätet aufgrund der Regierungsverantwortung der FPÖ ab 2000 und damit einhergehenden der relativen Zähmung dieser durch den Koalitionspartner ÖVP zu einer Verwendung islamophober Argumentationen für Wahlkämpfe. Erst durch die Abspaltung der Regierungsmitglieder im BZÖ von der Alt-FPÖ begann die FPÖ – nun wieder in Opposition –, islamophobe Wahlkampfkampagnen zu starten (Hafez 2010a). In der Schweiz wurde bereits Anfang 2007 Interesse an einer Initiative „gegen den Bau von Minaretten" bekundet, die von Vertretern verschiedener rechter – aber stimmenstarker – Parteien lanciert wurde. Das Egerkinger Initiativkomitee bestand aus PolitikerInnen der Schweizerischen Volkspartei (SVP) und der Eidgenössisch-Demokratischen Union (EDU). Es dauerte nicht lange, bis das Thema auch von österreichischen Rechtsparteien aufgegriffen wurde. Die oben angeführten Beispiele lokaler Moscheebaukonflikte, die nicht nur von Seiten der FPÖ Unterstützung gefunden hatten, veranschaulicht bereits die Jahrzehnte zurückliegende Brisanz des Themas auf lokaler Ebene. Die FPÖ widmete erstmals im Jahr 2005 rund um die Auseinandersetzungen um das Minarett in Telfs dem Thema eine Presseaussendung.[3] Am 06. Juni 2007 brachte sodann die FPÖ einen Entschließungsantrag *„betreffend Verbot des Bauens von Minaretten sowie die Verpflichtung für nicht abendländische Religionen zur Verwendung der deutschen Sprache bei der Abhaltung von Gottesdiensten und Predigten"* im Nationalrat ein.[4] Dieser Antrag der Oppositionspartei FPÖ erhielt keine weitere Aufmerksamkeit und wurde weder von ihr, noch von den Medien, großer Aufmerksamkeit gewürdigt. Aus der Oppositionsrolle heraus konnte nichts erreicht werden (Luther 2007, S. 11f).

Eine veränderte Lage ergab sich, nachdem der damals amtierende Landeshauptmann Jörg Haider am 26. August 2007 verlautbarte, ein Moschee- und Minarettbauverbot in Kärnten einführen zu wollen. Nach Fürlinger ging diese Initiative auf den Vorfall rund um ein Gebetsstättenprojekt in Spittal an der Drau zurück (Fürlinger 2010, S. 194). Der europäische Kontext (v.a. die Schweiz) und auch die vorangehende Initiative der FPÖ sollten meines Erachtens hier nicht ungeachtet bleiben. Es ist zu beachten, dass er im darauffolgenden Nationalratswahlkampf - in dem Haider sich erfolgreich als regierungsfähiger, sachlicher Politiker positionierten konnte - eine Kampagne durchführte, in der er seine Partei BZÖ als Partei darstellte, das *„wie die FPÖ nicht nur redet, sondern handelt"* (Petzner 2008).[5] Zurückzuführen ist die Initiative auf die – im Gegensatz zur FPÖ auf Bundesebene – politisch günstigen Verhältnisse. Die Mandatsverteilung im Landtag führte das BZÖ mit 15 Mandaten, gefolgt von der Sozialdemokratie mit 14, der Volkspartei mit vier, den Grünen mit zwei und den Freiheitlichen mit einem einzigen Mandat. In Koalition mit der Kärntner Volkspartei konnte das Vorhaben tatsächlich in die Realität umgesetzt werden. Im März 2008 folgte dem Vorschlag Haiders der damalige Landeshauptmann von Vorarlberg, der mit seiner Volkspartei eine Alleinregierung stellen konnte, aber mit den Freiheitlichen koalierte, um ein mögliches Moschee- und Minarettbauverbot auch in seinem Bundesland zu diskutieren (Hafez 2010b).

Während in Kärnten erst am 18. Dezember 2008 durch eine Novellierung der Kärntner Bauordnung (K-BO) 1996 und des Kärntner Ortsbildpflegegesetzes 1990 geschickt ohne Benennung eines expliziten Moschee- und Minarettbauverbots die

---

3   Strache: Muezzin-Rufe im "heiligen Land Tirol"? Utl.: FPÖ unterstützt besorgte Telfser Bürger. 10.11.2005. Online: http://www.ots.at/presseaussendung.php?schluessel=OTS_ 2005 1110_OTS0076&ch=politik (Zugriff am 1.03.2009).

4   Vgl Entschließungsantrag eingebracht am 06.06.2007: Online: http://www.parlament.gv.at/ PG/DE/XXIII/A/A_00248/fname_080124.pdf (Zugriff am 10.04.2009).

5   Vgl. LH Haider: Kärnten mit Gesetz gegen Moscheen-Bau als Wegweiser in Europa + Zeichen gegen schleichende Islamisierung setzen – Republik soll islamische Religionslehrer selbst wählen können. Dienstag, 12. Feber 2008. Online: http://www.ktn.gv.at/default. asp?ARid=8280

Grundlagen für ein solches gelegt werden sollten, ist es umso bemerkenswerter, dass in Vorarlberg mit den Stimmen der Volkspartei bereits am 20. Juni 2008 durch Novellierung des Ortsbildschutzrechts als auch des Veranstaltungsstättenrechts ein halbes Jahr davor ein implizites Moschee- und Minarettbauverbot umgesetzt wurde (Hafez/ Potz 2009). Ein Grund mag darin liegen, dass es für das BZÖ in Kärnten wichtig war, das Thema für längere Zeit bis zur Nationalratswahl „warm" zu halten. Zudem ist es ein Charakteristikum rechtspopulistischer Parteien, „... *radikale Botschaften in der Öffentlichkeit zu kommunizieren, anstatt diese in die Praxis umzusetzen"* (Kryzanowski/ Wodak 2009, S. 117f). Beide Regelungen versuchten offensichtlich

> „... *der Gefahr zu entkommen, direkt und unmittelbar* [...] *verfassungswidrig zu sein. Die Spannung zwischen den um ‚Neutralität' bemühten gesetzlichen Formulierungen und der im Vorfeld geäußerten mit den Vorhaben verbundenen Intention ist allerdings eklatant. Die verantwortlichen Politiker wollen einerseits der Wahlbürgerin und dem Wahlbürger ihre islamkritische Haltung und damit die Intention einer Verhinderung von Moscheen und besonders Minaretten nicht verheimlichen, müssen andererseits aber darauf bedacht sein, vor allem die Verletzung der Religionsfreiheit nicht vordergründig greifbar zu machen. Solche Versuche sind in ihrer augenzwinkernden Banalität alles andere als ein neues Phänomen, sondern gehören in die unterste Lade der legistischen Trickkiste"* (Hafez/ Potz 2009).

Auf diskursiver Ebene war die Intention hingegen eindeutig. Eine Untersuchung der Landtagsdebatten in Kärnten und Vorarlberg ergaben eine eindeutige Absicht seitens der dortigen Volksparteien, den Freiheitlichen und dem BZÖ. Die Moschee diente dazu, eine Vielzahl islamophober Stereotype auf sie zu projizieren. Folgende Topoi wurden von den Parteien in den jeweiligen Landtagen benützt, um ein generelles (und juristisch gefinkeltes) Moschee- und Minarettbauverbot zu legitimieren (siehe Tabellen 1+2).

Die Moschee samt Minarett steht somit für eine Vielzahl von Stereotypen, die in islamophoben Diskursen als Legitimierung für eine aggressive und ablehnende Haltung gegen das imaginierte Muslimische herangezogen werden. Es zeigt sich dabei auch die ambivalente Position der Sozialdemokratie, die sich in Vorarlberg inhaltlich nicht gegen ein Moschee- und Minarettbauverbot stellte, jedoch den Antrag ablehnte. Auch in Kärnten waren die Positionen der Sozialdemokratie ambivalent, jedoch gegen ein Verbot. Umgekehrt waren einzig die Grünen konsequent anti-islamophob, was auf ihr kleines Wähler/innenklientel sowie auf die deutlich anti-rassistische Programmatik zurückzuführen war (Hafez 2010b).

Verwendete Topoi	Partei			
	BZÖ	ÖVP	FPÖ	SPÖ
Topos des „Kriegs der Kulturen"	X			
Topos der „Terrorgefahr"	X	X		
Topos des „Schutzes der christlichen, abendländischen, traditionellen mitteleuropäischen Bau- und Leitkultur"	X	X	X	
Topos der „Vertretung der Mehrheit der Muslim/inn/en"	X			
Topos der „Vertretung der Interessen der Menschen"	X	X	X	
Topos der „Islamisierung"	X		X	
Topos der „islamischen Übervölkerung"			X	
Topos der „islamis(tis)chen Weltverschwörung"	X		X	
Topos des „Fanatismus"	X		X	
Topos der „Reziprozität"		X	X	
Topos der „Gewalttätigkeit (Frauenunterdrückung)"		X		
Topos der „kulturellen Andersartigkeit"		X		
Topos des „politischen Islam"	X	X	X	X
Topos des „Herrschaftsverlusts"	X			

Tabelle 1: Islamophober Populismus im Kärntner Diskurs

Quelle: Hafez 2010b

Verwendete Topoi	Partei		
	ÖVP	FPÖ	SPÖ
Topos des „Kriegs der Kulturen"	X	X	
Topos der „Vertretung der Mehrheit der MuslimInnen"			X
Topos der „Vertretung der Interessen der Menschen"	X	X	
Topos der „islamis(tis)chen Weltverschwörung"		X	
Topos der „Gewalttätigkeit (Frauenunterdrückung)"	X	X	
Topos der „kulturellen, religiösen und zivilisatorischen Andersartigkeit"	X		
Topos der „Religion der Fremden/fremden Religion"	X	X	
Topos der „Islamisierung"	X	X	
Topos der „nachzuholenden/fehlenden Aufklärung"	X	X	
Topos des „politischen Islam"	X	X	

Tabelle 2: Islamophober Populismus im Vorarlberger Diskurs

Quelle: Hafez 2010b

Die beiden Verbote auf Landesebene konnten aus Sicht der populistisch agierenden Parteien als Erfolg gewertet werden. Der Gegenstand „Moschee" wurde bereits zu Wahlkampfzeiten im Hintergrund ins Spiel gebracht. Mit dem Slogan *„Pummerin statt Muezzin"* (Wien-Wahl 2005) auf dem großflächigen Plakat der FPÖ wurde ebenso wie im Falle des Slogans *„Glockenklang statt Muezzingesang"* (Tirol-Wahl 2008) direkt auf Aspekte einer Moschee rekurriert. Bereits im Wiener Wahlkampf 2005 posierte der Spitzenkandidat der Freiheitlichen unter dem Slogan *„Duell um Wien – Sie haben die Wahl"* neben dem sozialdemokratischen Bürgermeister. Während im Hintergrund von Heinz Christian Strache der Stephansdom abgebildet war, wurde hinter Michael Häupl das Islamische Zentrum Wien mit seiner sichtbaren Kuppel sowie Minarett abgebildet. Die Moschee wurde als bildhafte Metapher für das muslimische „Andere" verwendet und symbolisierte hier „Islamisierung", das „Establishment", „Multikulturalität" und das „Fremde".

In regionalen Wahlkämpfen wurde das Thema Moscheebauverbot in unterschiedlichem Ausmaß benutzt. Die FP-Steiermark ließ vom Schweizer PR-Agenten Alexander Segert ein Online-Anti-Minarett-Spiel namens „Moschee-Baba" entwerfen, das sich an seinen in der Schweiz zum 2009 lancierten Anti-Minarett-Volksabstimmung betreuten Wahlkampf anlehnte. Aufgrund der starken Ablehnung bis hin zum Bundeskanzler fühlte sich FPÖ-Obmann Strache gezwungen, sich vom Online-Spiel „Moschee-Baba" zu distanzieren. Gleichzeitig wurde aber betont, dass man „… sicherstellen [müsse, F.H.], dass es in Zukunft keine Muezzins in Österreich geben wird". Im steirischen Wahlkampf wurde Slogans wie „Lieber Sarrazin als Muezzin!" entworfen und deklariert: „Unser Wahlkampftitel ‚Mehr Heimat statt Moscheen' ist hoch aktuell, trifft den Nerv der Zeit und zeigt: Die FPÖ ist die einzige Partei, die die Probleme der Zukunft erkennt und die Sorgen und Nöte der Bevölkerung ernst nimmt" (Hafez 2011, S. 86).

Sukzessive brachten die Landesparteien der FPÖ Anträge für Moschee- und Minarettbauverbote ein. In Niederösterreich forderten die Freiheitlichen eine Neuregelung hinsichtlich „Bauten von außergewöhnlicher Architektur oder Größe sowie publikumsintensiven Veranstaltungsstätten". Es gehe darum, „die Kultur Niederösterreichs zu bewahren", so der dortige FPÖ-Klubobmann. Die dort regierende Volkspartei sprach von einem „blauen Etikettenschwindel".[6] In Tirol brachte die FPÖ ebenso einen Antrag auf ein „Tiroler Minarettbauverbot" ein. Als Begründung zitierten sie aus der „Tiroler Tageszeitung" folgende Passage, die dem Tiroler Landeshauptmann Günther Platter zugewiesen wird: „‚Tatsache ist, dass Minarette vielfach als Provokation verstanden werden. Hier gilt es sehr behutsam umzugehen', erklärt er und zeigte sich überzeugt, dass ‚wir in unserem Land keine weiteren Minarette brauchen. Die freie Religionsausübung ist auch ohne sie sichergestellt'."[7] Die ambivalente Position des Tiroler Landeshauptmanns der Volkspartei gibt der FPÖ einerseits eine Legitimierung in einem breiteren Kontext abseits des gängigen rechtspopulistischen Spektrums. Andererseits wird dadurch der Versuch unternommen, die „leeren Worte" der regierenden Volkspartei als solche zu entlarven und die Freiheitlichen als einzige Partei zu positionieren, die

---

6   Presse-Redaktion: NÖ – FPÖ will Minarette per Bauordnung verbieten. 04.12.2009. Online: http://diepresse.com/home/politik/innenpolitik/526003/NOe_FPOe-will-Minarette-per-Bau ordnung-verbieten?_vl_backlink=/home/politik/524844/index.do&direct=524844 (Zugriff am 29.11.2012).

7   Gatt: Antrag der Abgeordneten Walter Gatt u.a. betreffend „Tiroler Minarettbauverbot". 03.12.2009. Online: http://www.walter-gatt.at/downloads/a-minarettbauverbot.pdf (Zugriff am 29.12.2012).

sich tatsächlich für „das Volk" gegen die Islamisierung einsetzt. In Niederösterreich und Tirol konnte aber kein solches Verbot mit der Volkspartei umgesetzt
werden. Die Haltung der Funktionär/innen der Volkspartei war aber ambivalent.
Einerseits das bereits oben angeführte Zitat des Tiroler Landeshauptmanns. Andererseits ließ ein VP-Funktionär in einem ORF-Interview verlautbaren, dass mit
den derzeitigen gesetzlichen Regelungen ohnehin ein Minarettverbot durchgeführt
werden könne. Diese Aussage scheint aber lediglich zur vorübergehenden Beruhi-
gung der Lage gedient zu haben, wie die Errichtung der zweiten von außen sichtbaren Moschee, jener in Bad Vöslau, zeigte. Im Burgenland wie auch in Oberös-
terreich kam es zu keinen Anträgen auf ein Moschee- und/oder Minarettbauverbot.
In Wien ist zu beachten, dass die Freiheitlichen zwei lokale Auseinandersetzungen
um muslimische Gebetsstätten, die beide weder Kuppel noch Minarett aufwiesen,
nutzten, um gegen *„Moscheen"* zu demonstrieren (Kübel 2009). In Wien konnten
die Freiheitlichen damit auf Landesebene nicht reüssieren. Lediglich ein Vertreter
der Volkspartei schloss sich der FPÖ in ihrem Protest gegen die *„Moscheen"* an.
Diese entsprach aber nicht der Parteilinie. In Wien ist zudem zu beachten, dass das
muslimische Wähler/innenklientel mit geschätzten 200.000 Muslim/innen bedeu-
tender für die Wahlen ist als in anderen Bundesländern (wobei in Vorarlberg an-
teilsmäßig die meisten Muslim/innen leben), was eine Rücksichtnahme auf ihre
Interessen mit sich bringen könnte.

Fazit

Die Errichtung von nach außen sichtbaren muslimischen Gebetsstätten wie Moscheen samt Minaretten kann als Schritt der Beheimatung von Muslim/innen in
Österreich gewertet werden. Will man in Österreich Muslim/innen als gleichbe-
rechtigten Teil der europäischen Gesellschaft eingegliedert wissen, ist es notwendig, dass diese an die Oberfläche der Öffentlichkeit kommen, was nicht zuletzt eine Normalisierung des Islams in Europa signalisieren würde. In diesem Sinne
fordert die Soziologin Nilüfer Göle, den Islam im Herzen des europäischen öffentlichen Raumes anzuerkennen. Die Herausforderung Europas bestehe dementsprechend darin, „ ... *dazu fähig zu sein, einen gemeinsamen Ort für beide (Islam und
Europa) zu ersinnen und zu errichten und aus dem konflikthaften Dialog heraus-
zukommen"* (Göle 2008, S. 57f.). Wie Fürlinger in seiner Studie darlegt, werden
die Rechte der Muslim/innen hinsichtlich der Errichtung von Gebetsstätten trotz
der Existenz religionsrechtlich gesicherter Rechte eingeschränkt. Er nennt die
muslimischen Gebetsstätten „Toleranzmoscheen" entsprechend den Regelungen
des Josephinischen Toleranzpatents, welches die privilegierte Position der Katholischen Kirche festschrieb und im Gegensatz dazu anderen Kirchen und Religionsgesellschaften kein Recht auf Religionsausübung außerhalb des privaten
Raums einräumte. Er merkt kritisch an, dass trotz einhundertjähriger gesetzlicher
Anerkennung des Islams dieser de facto nicht als gleichberechtigte Religionsgesellschaft behandelt wird (Fürlinger 2010, S. 212-214).

Die Zusammenschau sogenannter „Moscheebaukonflikte" auf lokaler sowie Landesebene zeigt, dass muslimische Gebetsstätten konkrete Gegenstände muslimischer Religiosität verkörpern, die von der islamophoben Stimmung negativ beeinflusst werden. Eine Diskriminierung auf legalistischer sowie praktisch-politischer Ebene ist das Ergebnis des islamophoben Populismus. Diese Stimmung wird vor allem im politischen Feld produziert. Mit den Beispielen konnte gezeigt werden, dass rechtspopulistische Politik dabei nicht alleine steht. Oft sind die Positionen der Konservativen ident und unterstützen rechte Politik (Vorarlberg und Kärnten) bzw. sehr ambivalent, womit versucht wird, einerseits auf der rechten Seite der Gesellschaft Stimmen zu fangen, während die Realpolitik sachlich geführt wird (Tirol, Niederösterreich). Auf Bundesebene hingegen agieren mit Ausnahme der FPÖ die restlichen Parteien allesamt auf Basis der Verfassung, wenn es um Moschee- und/oder Minarettbauverbotsdebatten geht. Eine Regelung wie jene in der Schweiz scheint aus jetziger Sicht unmöglich. Hingegen schreiten Bundespolitiker/innen immer wieder auch in regionalen Konflikten ein (Beispiel: Moschee-Spiel in der Steiermark), um moralische Grenzen zu setzen. Insgesamt lässt sich aber festhalten, dass auf regionaler Ebene ambivalente Positionen auf diskursiver Ebene den Mangel an mutigen Politiker/innen dokumentieren, die sich klar und deutlich zur österreichischen Verfassung samt Religionsfreiheit bekennen und sich in diesem Sinne auch für Minderheitsreligionen einsetzen.

Literatur

Allievi, Stefano (ed.) (2010): Mosques in Europe. Why a solution has become a problem. NEF Initiative on Religion and Democracy in Europe. London.
Bair, Johann (2002): Das Islamgesetz. Wien/New York.
Bunzl, John/Hafez, Farid (Hg.) (2009): Islamophobie in Österreich. Bozen/Innsbruck/Wien.
Fürlinger, Ernst (2010): The politics of non-recognition: mosque construction in Austria, in: Allievi, Stefano (ed.). Mosques in Europe. Why a solution has become a problem. NEF Initiative on Religion and Democracy in Europe. London, S.183-216.
Gampl, Inge/Potz, Richard/Schinkele, Brigitte (1990): Österreichisches Staatskirchenrecht, Gesetze-Materialien-Rechtsprechung, Bd. 1, Wien.
Göle, Nilüfer (2008): Anverwandlungen. Der Islam in Europa zwischen Kopftuchverbot und Extremismus. Berlin.
Hafez, Farid/Potz, Richard (2009): Moschee- und Minarettbauverbote in Kärnten und Vorarlberg, in: Bunzl, John/Hafez, Farid (Hg), Islamophobie in Österreich. Bozen/Innsbruck/Wien.
Hafez, Farid (2010a): Österreich und der Islam – eine Wende durch FPÖVP? Anmerkungen zur Rolle von Islamophobie im politischen Diskurs seit der Wende, in: Baker, Frederick/Herczeg, Petra, Die beschämte Republik: Zehn Jahre nach Schwarz-Blau in Österreich. Wien.
Hafez, Farid (2010b): Islamophober Populismus. Wiesbaden.
Hafez, Farid (2011): Von der „Verjudung" zur „Islamistenpartei". Neue islamophobe Diskursstrategien der FPÖ im Rahmen des Wiener Wahlkampfs, in: ders. (Hg.), Jahrbuch für Islamophobieforschung 2011. Bozen, Innsbruck, Wien, S.83-98.
Hafez, Farid (2012): Anas Schakfeh. Das österreichische Gesicht des Islams. Wien.
Kalb, Herbert/Potz, Richard/Schinkele, Brigitte (2003): Religionsrecht. Wien.

Kalb, Herbert (2002): Die Anerkennung von Kirchen und Religionsgemeinschaften in Österreich, in: Potz, Richard/Kohlhofer, Reinhard. Die „Anerkennung" von Religionsgemeinschaften. Wien, S.39-56.

Kraft, Sabine (2002): Islamische Sakralarchitektur in Deutschland – Eine Untersuchung ausge-
wählter Moschee-Neubauten. Münster.

Kryzanowski, Michal/Wodak, Ruth (2009): The Politics of Exclusion. Debating Migration in
Austria. Wien.

Kübel, Jana (2009): moschee.ade und moschee.at. Eine Konfliktanalyse auf der Suche nach Islamophobie in Österreich, in: Bunzl, John/Hafez, Farid (Hg.). Islamophobie in Österreich.
Bozen/ Innsbruck/Wien, S.126-142.

Luther, Richard (2007): Electoral Strategies and performances of Austrian right-wing populism
1986-2006. Keele European Research Unit. Working Paper 24. School of Politics, International Relations and Philosophy.

Petzner, Stefan (2008): Reduzierung auf das Wesentliche, in: Hofer, Thomas/Tóth, Barabara:
Wahl 2008. Strategien, Sieger, Sensationen. Wien, S.46 – 54.

Potz, Richard (2002): Zur öffentlichen Stellung der Kirchen und Religionsgesellschaften, in:
Potz, Richard/Kohlhofer, Reinhard. Die „Anerkennung" von Religionsgemeinschaften. Wien,
S.25-38.

Schmitt, Thomas (2003): Moscheen in Deutschland. Konflikte um ihre Errichtung und Umset-
zung. Flensburg.

Sickinger, Hubert (2008): Jörg Haider, in: Pelinka, Anton/Sickinger, Hubert/Stögner, Karin.
Kreisky – Haider. Bruchlinien österreichischer Identitäten. Wien, S.111-220.

The Center for Security Policy (2010). Shariah: The Threat to America (An Exercise in Competi-
tive Analysis—Report of Team 'B' II). Online:
http://familysecuritymatters.org/docLib/20100915_Shariah-TheThreattoAmerica.pdf

Religionsfreiheit in Europa stärken. Zur Diskussion um Kopftuch- und Gesichtsschleierverbote in Europa

Kirsten Wiese

Einleitung

Frankreich und die Türkei, die beiden europäischen Länder mit Laizismus als Staatsprinzip, gehen jüngst gänzlich unterschiedlich mit Kopftuch und Burka um. In Frankreich schlug 2013 der französische Integrationsrat (Haut Conseil à l'intégration) der „Beobachtungsstelle der Laizität" (l'Observatoire de la laïcité) vor, Studierenden das Tragen des Kopftuches und anderer *„signes et tenues manifestant ostensiblement une appartenance religieuse"* zu verbieten (Le Bars 2013, Pantel 2013; Gonzalez 2013). Seit 2010 ist dort zudem – ebenso wie in Belgien - das Tragen des Gesichtsschleiers im öffentlichen Raum verboten. Dagegen gibt es in der Türkei eine regelrechte Kopftuchsensation: Seit September 2013 dürfen Frauen im öffentlichen Dienst – bis auf Polizistinnen, Richterinnen, Soldatinnen und Staatsanwältinnen – erstmalig seit der Staatsgründung 1923 wieder ein Kopftuch tragen. Dasselbe gilt für Studentinnen und Anwältinnen bereits seit 2012.[1] Eine der letzten Bastionen der kemalistischen Türkei fiel im November 2013, als vier Abgeordnete im Parlament ihr Kopftuch trugen, ohne des Saales verwiesen zu werden (Gottschlich 2013).

Aber nicht nur Frankreich und Türkei setzen sich mit Kleidung von Muslim/innen auseinander - über das Tragen von Kopftuch, Burka und Niqab wird in fast allen europäischen Ländern gestritten und in einigen wird es in bestimmten Bereichen verboten. Was führt zu diesen Diskussionen und Verboten und sind letztere nach Europäischem Menschenrecht zulässig? Diesen Fragen will ich in diesem Beitrag nachgehen. Im Zusammenhang mit dem als „Burka-Bann" volkstümlich betitelten französischen sowie belgischen Verbotsgesetz wird sowohl von Burka (Gewand, das Körper und Gesicht bis auf ein Gitter vor den Augen vollständig verhüllt und vor allem von Frauen in Afghanistan getragen wird) als auch von Niqab (Schleier, mit dem das Gesicht bis auf einen Sehschlitz verhüllt wird) gesprochen.[2] Wenn ich im Folgenden von Kopftuch spreche, meine ich damit von

---

[1] Online: http://www.dw.de/erdogan-erlaubt-kopftuch-im-t%C3%BCrkischen-staatsdienst/a-17 126495 (Zugriff am 2.11.2013).

[2] Zu unterschiedlichen muslimischen Kleidungsstücken für Frauen BBC News (2010) und http://www.welt.de/politik/ausland/article8538882/Britischer-Premier-Cameron-gegen-Burka-Verbot.htmql?print=true#reqdrucken (Zugriff am 6.11.2013); zur Verwendung der

Hidjab über Tschador alle muslimischen motivierten Kopfbedeckungen für Frauen und ebenso meine ich, wenn ich von Gesichtsschleier spreche, von Burka über Niqab alle muslimisch motivierten Gesichtsschleier für Frauen. Zunächst werde ich einen Überblick über Gesetzeslage, Verwaltungspraxis und Debatten zu Kopftuch und Gesichtsschleier in europäischen Ländern geben (I.). Sodann werde ich aufzeigen, welche gesellschaftspolitischen Positionen die Debatten über Kopftuch und Gesichtsschleier bestimmen (II). Ob die Europäische Menschenrechtskonvention (EMRK) als gemeinsame rechtliche Grundlage aller europäischen Länder Verbote von Kopftuch und Gesichtsschleier zulässt, werde ich anschließend untersuchen (III). Die Zusammenfassung des Beitrags und ein rechtspolitischer Ausblick bilden das Fazit (IV).

Wie dürfen sich Musliminnen in Europa kleiden und was ist ihnen verboten?

Die unterschiedlichen Regulierungen des Staat-Religion-Verhältnisses in Europa lassen sich stark vereinfacht so zusammenfassen: Es gibt einerseits laizistische Staaten, die Religionsausübung aus der öffentlichen Sphäre verbannen und andererseits tolerante Staaten, die diese auch in der öffentlichen Sphäre zulassen. Diese gegenüber Religion toleranten Staaten wiederum lassen sich unterteilen in solche mit Staatskirche und solche mit einer neutralen Haltung gegenüber Religion, der zwar eine Trennung von Staat und Kirchen bzw. Religion zu Grunde liegt, die aber auch Kooperationen zwischen Staat und Religionsgemeinschaften zulässt (Berghahn 2008, S. 437f.; Rosenberger/ Sauer 2012, S. 7). Diese unterschiedlichen Staat-Religion-Regime beeinflussen den jeweiligen Umgang mit Kopftuch, Gesichtsschleier und anderen religiösen Symbolen.

(Grundsätzlich) laizistisch sind Frankreich, die Türkei und wohl auch die Schweizer Kantone Genf[3] und Neuenburg. Die seit 1958 geltende französische Verfassung legt in Art. 1 fest: *„Frankreich ist eine unteilbare, laizistische, demokratische und soziale Republik".*[4] Diese Trennung von Staat und Religion führt dazu, dass das Tragen von religiös motivierter Kleidung in nahezu allen öffentli-

---

Begriffe „Burka" und „Nikab" im Zusammenhang mit den entsprechenden Verboten bzw. den dazu geführten Diskussionen Spohn (2013, S. 146).

[3] Das Schweizerische Bundesgericht bestätigte 1997 die Weisung des Kantons Genf an eine Primarschullehrerin, im Unterricht kein Kopftuch zu tragen. Der EGMR sah darin keinen Verstoß gegen Art. 9 EMRK (EGMR 2001b).

[4] La Constitution du 4 octobre 1958, Online: http://www.conseil-constitutionnel.fr/conseil-constitutionnel/root/bank_mm/constitution/constitution.pdf (Zugriff am 4.11.2013). Erstmalig wurde die Laizität als Staatsprinzip maßgeblich das bis heute geltende Trennungsgesetz - Loi du 9 décembre 1905 concernant la séparation des Églises et de l'État – festgelegt.

chen Bereichen in Frankreich verboten ist[5]: Lehrer/innen[6] und Professor/innen dürfen ebenso wie andere staatliche Bedienstete keine religiösen Symbole und Kleidungsstücke tragen.[7] Schüler/innen ist das Tragen des Kopftuches und anderer offensichtlich religiöser Symbole seit 2004 verboten.[8] Seit April 2011 ist die „Verhüllung des Gesichts" (dissimulation du visage) im öffentlichen Raum untersagt.[9] Bereits 2008 wurde einer Marokkanerin wegen ihrer Burka die Einbürgerung verweigert; ebenso wurde 2010 ein Marokkaner nicht eingebürgert, weil er seine Frau gezwungen haben sollte, eine Burka zu tragen (Wiese 2011, S. 104). Bislang gilt die Enthaltsamkeit von Religion aber nicht für private Bildungseinrichtungen. Der Cour de Cassation hob 2013 die Kündigung einer Erzieherin in einem privaten Kindergarten (Baby Loup) wegen ihres Kopftuches auf, weil damit eine Diskriminierung aus religiösen Gründen verbunden sei.[10] Ähnlich wie Frankreich wird auch die Türkei durch Artikel 2 der geltenden Verfassung von 1982 als *„demokratischer, laizistischer und sozialer Rechtsstaat"* festgelegt.[11] Das an Studentinnen gerichtete Verbot, ein Kopftuch an der Universität zu tragen, wurde seit einer Entscheidung des türkischen Verfassungsgerichtes von 1989 direkt auf die Verfassung gestützt. 2008 gelang es der Regierungspartei AKP eine Verfassungsänderung zur Lockerung des Kopftuchverbots an Universitäten mit 411 zu 103 Stimmen im Parlament zu verabschieden. Auf Antrag der streng säkular orientierten Oppositionspartei CHP annullierte das Verfassungsgericht aber im selben Jahr die Verfassungsänderungen und erklärte die Lockerung des Kopftuch-Banns für verfassungswidrig (Berghahn u.a. 2012, S. 152; Berghahn 2008). Staatsbedienstete durften bis 2013 ihr Kopftuch selbst außerhalb ihres Arbeitsplatzes nicht tragen (Berghahn u. a. 2012, S. 154). Für eine Abgeordnete hatte noch 1999 das Tragen des Kopftuches zur Folge, dass sie ihr Parlamentsmandat verlor (Güsten 2013b).

---

5   Im März 2012 wurde sogar ein Regionalligaspiel abgepfiffen, weil ein Teil der Spielerinnen Kopftücher trug. Online: http://wwwtz-online.de/sport/fussball/kopftuch-eklat-frauenfussball-2198276.html (Zugriff am 12.7.2013).

6   Article 13 de la préambule de la Constitution du 27 octobre 1946.

7   2007 sind mit der Charta der Laizität auch Besucher/innen von Behörden angehalten worden, auf religiöse Zeichen und Kleidung zu verzichten (Wiese 2011, S. 104, Fn 55). Ob diese Charta der Laizität 2013 noch in Kraft ist, konnte die Verfasserin nicht feststellen.

8   Loi n° 2004-228 du 15 mars 2004 encadrant, en application dur principe de laïcité, le port de signes out de tenues manifestant une appartenance religieuse dans les écoles, collège et lycées public, JORF du 17 mars 2004 page 5190. 2013 wurde die „Charta der Laizität" in allen öffentlichen Schulen ausgehängt, u.a. um dieses Verbot in Erinnerung zu rufen (Balmer 2013).

9   Loi n° 2010-1192 du 11 octobre 2010 interdisant la dissimulation du visage dans l'espace public, JORF n° 0237 du 12 octobre 2010 page 18344. Der Französische Verfassungsgerichtshof bestätigte dieses Verbot (Conseil Constitutionnel 2010). Dagegen hatte der Conseil d'État 2010 aus verfassungsrechtlichen Gründen ein nur eingeschränktes Verbot des Gesichtsschleiers angemahnt.

10   Anderer Ansicht die Vorinstanzen Conseil de Prud'hommes de Mantes-la-Jolie (2010) und Cour d'Appel des Versailles (2011).

11   Türkiye Cumhuriyeti Anayasası; Gesetz Nr. 2709, Online: http://www.resmigazete.gov.tr/ar siv/17863_1.pdf (Zugriff am 5.11.2013).

Vor diesem Hintergrund mutet es sensationell an, dass Ministerpräsident Erdogan mit der islamischen Regierungspartei AKP nun die Verbote des Kopftuchtragens für Studentinnen, Parlamentarierinnen und einigen Staatsbediensteten aufheben konnte.

(Grundsätzlich) neutral gegenüber religiösen Belangen sind unter anderem Belgien, Deutschland, Italien, Niederlande, Österreich und Spanien; dennoch haben diese Länder unterschiedliche Regelungen zu Kopftuch und Gesichtsschleier getroffen. Einen rechtlich eher liberalen Umgang mit diesen Kleidungsstücken haben – trotz immer wieder geäußerter anders lautender politischer Forderungen – Niederlande, Österreich und die Nicht-Trennungskantone der Schweiz. In den Niederlanden ist zwar Mitarbeiterinnen im öffentlichen Dienst das Tragen eines Gesichtsschleiers verboten (Hadj-Abdou u. a. 2012, S. 147 Fn 1).[12] Ein von der damaligen Mitte-Rechts-Regierung 2012 geplantes Verbot von Gesichtsschleiern in der Öffentlichkeit wurde wegen des Regierungsrücktritts im selben Jahr aber nicht mehr verabschiedet.[13] In Österreich forderten 2010 die damalige Staatssekretärin im Bundesministerium für Wirtschaft und Arbeit und die Frauenministerin ein Burkaverbot im öffentlichen Raum.[14] Bislang ist aber weder das Tragen des Kopftuches noch eines Gesichtsschleiers im öffentlichen Raum oder in Arbeitsverhältnissen verboten.[15] Grund dafür ist u. a., dass Muslim/innen in Österreich 1912 – nach der Annektierung von Bosnien-Herzegovina 1908 durch Österreich-Ungarn – als Religionsgemeinschaft im Sinne des Staatsgrundgesetzes von 1867 anerkannt wurden.[16] 1979 wurde die Islamische Glaubensgemeinschaft als offizielle Vertretung der Muslim/innen in Österreich genehmigt (Kubelka/ Schian 2004, S. 74; Rosenberger/ Sauer 2012, S. 8).[17] In der Schweiz gab es zwar mehrere politische, insbesondere kantonale,[18] Initiativen für Gesichtsschleierverbote in der Öf-

---

[12] Richterinnen und Polizistinnen wurde – so Berghahn 2010, S. 111, Fn 2 und 2008, S. 438 - zudem das Kopftuchtragen durch Regierungsdekret untersagt.

[13] Online: http://www.spiegel.de/politik/ausland/niederlande-regierung-beschliesst-burka-verbot-a-811865.html (Zugriff am 24.8.2013). Zur Diskussion um Kopftuch- und Gesichtsschleier in den Niederlanden: Hadj-Abdou u. a. 2012; Wiese 2008, S. 110, Fn 7.

[14] Online: http://diestandard.at/1271375019364/Schleier-Debatte-Wiener-OeVP-Chefin-will-Burkaverbot-aktiv-angehen (Zugriff am 24.8.2013). Zu Frauen mit Kopftuch in Österreich in unterschiedlichen Berufen: http://diepresse.com/home/panorama/oesterreich/1325007/ Mit-Kopftuch-in-der-Arbeit_Eine-Sensation-wird-Alltag?from=suche.intern.portal und http://die presse.com/ home/panorama/oesterreich/1324972/Gesetz-verhindert-Diskriminier ung?from=suche.intern.portal (Zugriff am 24.8.2013).

[15] In einem Strafprozess wurde aber 2008 eine Angeklagte, die sich weigerte, ihren Gesichtsschleier abzunehmen, des Saales verwiesen. Online: http://derstandard.at/ 3247716/Nachlese-Streit-um-Schleier-bei-Terrorprozess (Zugriff am 31.8.2013).

[16] Gesetz vom 15.7.1912, betreffend die Anerkennung der Anhänger des Islams als Religionsgemeinschaft, RGBl. Nr. 159/192, Änderung i.d.f. BGBl. Nr. 164/1988.

[17] Zur Diskussion um Kopftuch und Gesichtsschleier in Österreich auch Hadj-Abdou u.a. 2012 und Hadj-Abdou/ Woodhead 2012.

[18] Vgl. z.B. die Volksinitiative im Kanton Tessin von 2011, Online: http://www.skmr.ch/de/ themenbereiche/fragen/verhuellungsverbot.html (Zugriff am 31.8.2013). Zur Initiative des

fentlichkeit, aber der Bundesrat – die Schweizer Bundesregierung – hat sich bislang immer dagegen ausgesprochen.[19] Während im Kanton Genf einer Lehrerin das Unterrichten mit Kopftuch untersagt wurde (siehe oben), unterrichtete 2013 im Kanton Luzern eine „Lehrperson" in einem Kindergarten mit Kopftuch.[20] Schüler/innen wird an einigen Schulen verboten, Kopfbedeckungen zu tragen.[21] Das Schweizer Bundesgericht entschied aber 2013, dass zwei Schülerinnen im Kanton Thurgau nicht das Kopftuch-Tragen verboten werden dürfe. Ebenso ist auch in Italien und Spanien das Tragen von Kopftuch und Gesichtsschleier grundsätzlich erlaubt, wird aber in Einzelfällen sanktioniert (Wiese 2011, S. 110, Fn 5 u. 6).

Aus den europäischen Staaten mit einem neutralen bis kooperativen Verhältnis mit Religionsgemeinschaften stechen Deutschland und Belgien hinsichtlich der Regelung von Kopftuch und Gesichtsschleier heraus. In Belgien dürfen muslimische Frauen seit Ende Juli 2011 keinen Vollschleier mehr in der Öffentlichkeit tragen.[22] Das Gesetz verbietet allen, ihr Gesicht an öffentlich zugänglichen Orten in Belgien so zu verschleiern, dass keine Identifizierung mehr möglich ist. Bei Verstoß dagegen droht eine Geldstrafe bis zu 25 € oder eine Gefängnisstrafe bis zu sieben Tagen.[23] In Deutschland dürfen Musliminnen Kopftuch und Gesichtsschleier in der Öffentlichkeit[24] tragen. Zwar haben einige Politiker 2010 Burkaverbote in der Öffentlichkeit gefordert (Wiese 2011, S. 87, Fn 4), denen stand aber

---

Nationalrates Oskar Freisinger von 2010:
http://www.nzz.ch/aktuell/startseite/newzzEY8FT69T-12-1.113721#;
http://www.parlament.ch/D/Suche/Seiten/geschaefte.aspx?gesch_id=20103173;
http://www.parlament.ch/ab/frameset/d/s/4902/374688/d_s_4902_374688_374815.htm (Zugriff jeweils am 31.8.2013).

[19] Online: http://www.humanrights.ch/de/Schweiz/Inneres/Gruppen/Religioese/idart_5074-con tent.html (Zugriff am 31.8.2013).

[20] Online: http://www.luzernerzeitung.ch/nachrichten/zentralschweiz/luzern/Kopftuch-Krienswill-Weisungen-erarbeiten;art92,272318 (31.8.2013).

[21] Zum Kopftuchverbot für Schülerinnen im Kanton Thurgau: Online http://www.tagesanzeiger.ch/schweiz/standard/Kopftuch-an-Schweizer-Schulen-erlaubt/ story/11239552 (Zugriff am 31.8.2013); http://www.thurgauerzeitung.ch/ostschweiz/ ostschweiz/tb-os/wer-kopftuch-traegt-muss-beten;art120094,3491603 (Zugriff am 31.8.2013); im Kanton St. Gallen, SZ 8.6.2013, S.11.

[22] «Loi visant à interdire le port de tout vêtement cachant totalement ou de manière principale le visage» (Gesetz vom 1. Juni 2011 zur Einführung des Verbots zum Tragen von Kleidung, die das Gesicht vollständig oder größtenteils verdeckt), veröffentlicht am 13.7.2011 im «Moniteur Belge» (Belgisches Staatsblatt), in Kraft getreten am 20.7.2011, http://www.ejustice. just.fgov.be/doc/rech_f.htm; zum Umgang mit Kopftuch und Gesichtsschleier in Belgien Wiese 2008, S. 109, Fn 2.

[23] Dagegen wird in Medienberichten von einer Geldstrafe in Höhe von 137,50 € gesprochen, Online: http://www.zeit.de/gesellschaft/zeitgeschehen/2011-07/burka-verbot-belgien (Zugriff am 24.8.2013). Der Belgische Verfassungsgerichtshof (Grondwettelijk Hof van België) bestätigte das Gesetz auf die Verfassungsbeschwerde von zwei Frauen hin im Dezember 2012.

[24] S. BVerfG 2006 zum Recht einer Zuhörerin im Gerichtsverfahren, ein Kopftuch zu tragen; Kammergericht 2012 zur Zulässigkeit einer Schöffin mit Kopftuch in Berlin.

eine starke öffentliche Meinung gegenüber, nach der solche Verbote verfassungswidrig seien (u.a. Barczak 2011, Britz 2011, Gerhardt 2010; WD 2010a, S. 10, 2010b, S. 9). Beschäftige im öffentlichen Dienst dürfen dagegen überwiegend weder Gesichtsschleier noch Kopftuch tragen. Das Bundesverfassungsgericht gab 2003 den Bundesländern die Möglichkeit, das Tragen des Kopftuches im Schuldienst gesetzlich auszugestalten.[25] Acht Bundesländer – Baden-Württemberg, Bayern, Berlin, Bremen, Hessen, Niedersachsen, Nordrhein-Westfalen und Saarland – änderten daraufhin ihre Schul- bzw. Beamtengesetze so, dass sie das Tragen bestimmter religiöser Symbole oder Kleidungsstücke im Schuldienst, in Hessen[26] und Berlin auch in anderen Bereichen des Staatsdienstes, untersagen.[27] In den übrigen acht Bundesländern wird über religiöse Bekundungen von Lehrer/innen im Einzelfall entschieden (Wiese 2008, S. 28ff. und 286ff.; Hahn 2013). Schülerinnen dürfen in der Schule grundsätzlich ein Kopftuch tragen, eine Burka kann ihnen dagegen in einigen Bundesländern durch die Schulleitung verboten werden (Wiese 2011: 91)[28]. Auch in privaten Dienstleistungsverhältnissen sowie bei Alltagsgeschäften stoßen Frauen wegen ihres Kopftuches auf Ablehnung.[29]

---

[25] Gegenwärtig sind beim BVerfG Verfassungsbeschwerden einer Lehrerin und einer Sozialpädagogin aus Nordrhein-Westfalen gegen ihre Kündigung aufgrund des Kopftuches anhängig, Az. 1 BvR 471/10 gegen BAG 2009b und Az. 1 BvR 1181/10 gegen BAG 2009a.

[26] Zum hessischen Burkaverbot im öffentlichen Dienst Wiese 2011, S. 87 und beck-aktuell-Redaktion, 4.2.2011, Online: http://beckonline.beck.de/Default.aspx?vpath=bibdata/reddok/becklink/1009805.htm&pos=0 &hlwords=Burka%c3%90Frankfurt%c3%90+burka%2cfrankfurt+%c3%90+burka+%c3%90 +frankfurt+%c3%90+burkafrankfurt+#xhlhit (Zugriff am 6.9.2013).

[27] § 38 Abs. 2 Schulgesetz Baden-Württemberg (Gesetz zur Änderung des Schulgesetzes vom 1.4. 2004, GBl. S. 178, Nr. 6); § 7 Abs. 6 Kindergartengesetz Baden-Württemberg (Gesetz zur Änderung des Kindergartengesetzes vom 14.2.2006, GBl. S. 30, Nr. 2); Art. 59 Abs. 2 Bayerisches Gesetz über das Erziehungs- und Unterrichtswesen (Gesetz zur Änderung des Bayerischen Gesetzes über das Erziehungs- und Unterrichtswesen vom 23.11.2004, GVBl. S. 443, Nr. 21); § 51 Abs. 3 und Abs. 4 Niedersächsisches Schulgesetz (Gesetz zur Änderung des Niedersächsischen Schulgesetzes und des Niedersächsischen Besoldungsgesetzes vom 29.4.2004, GVBl. S. 140-142, Nr. 12); § 57 Abs. 4 Schulgesetz Nordrhein-Westfalen (Erstes Gesetz zur Änderung des Schulgesetzes für das Land Nordrhein-Westfalen vom 13.6.2006, GVBl. S. 270, Nr. 15); § 1 Abs. 2a Gesetz zur Ordnung des Schulwesens im Saarland vom 23.6.2004 (Amtsbl. S. 1510, Nr. 33); Art. 29 § 1 und § 2 Verfassung von Berlin (Gesetz zur Schaffung eines Gesetzes zu Artikel 29 der Verfassung von Berlin und zur Änderung des Kindertagesbetreuungsgesetzes vom 27.1.2005, Gesetz- und Verordnungsblatt für Berlin S. 92, Nr. 4); § 68 Abs. 2 Hessisches Beamtengesetz (Gesetz zur Sicherung der staatlichen Neutralität vom 18.10.2004, GVBl. I S. 306, Nr. 17); § 86 Abs. 3 Hessisches Schulgesetz; zur Übersicht Wiese 2008: 28ff; zur Übersicht über die hinsichtlich der Kopftuchverbote im Lehramtsdienst in Deutschland ergangenen Urteile Wiese 2011: 89f. und Wiese 2008: 35ff.; zur Forderung nach Aufhebung des Kopftuchverbotes in Niedersachsen taz 14.8.2013, http://www.taz.de/1/archiv/digitaz/artikel/?ressort=na&dig=   2013%2F08%2F14%2Fa0022 (Zugriff am 6.9.2013).

[28] Zum koedukativen Schwimmunterricht mit Burkini BVerwG 2013.

[29] Zur Ablehnung einer Arzthelferin wegen des Kopftuches ArbG Berlin 2012; zur Ablehnung einer Kundin mit Kopftuch in einem Fitnessstudio LG Bremen 2013; AG Bremen-

Großbritannien hat trotz seiner anglikanischen Staatskirche eine sehr liberale Haltung gegenüber unterschiedlich Gläubigen (Hadj-Abdou/Woodhead 2012: 189). Diese Haltung ist unter anderem Folge davon, dass Großbritannien aufgrund seiner kolonialen Vergangenheit an das Zusammenleben unterschiedlicher Einwander_innen gewöhnt ist und durch das liberale Staatsangehörigkeitsrecht die meisten Muslim_innen britische Staatsangehörige sind. Zudem hat Großbritannien eine längere Erfahrung mit der Bekämpfung von Diskriminierung (Berghahn 2008: 439, Hadj-Abdou/Woodhead 2012: 195). Aber auch in Großbritannien wird über Verbote von religiöser Kleidung diskutiert und in Einzelfällen wird sie verboten, so zum Beispiel 2006 der Jilbab der Schülerin Shabina Begum (Berghahn 2008: 439, Hadj-Abdou/Woodhead 2012: 189).[30] Ein Gesichtsschleierverbot wurde 2010 im Unterhaus verhandelt, der Premierminister David Cameron sprach sich jedoch dagegen aus.[31] Erneut auf die politische Tagesordnung wurde das Thema 2013 gebracht, als ein College in Birmingham beabsichtigte, eine Frau in Niqab aus Sicherheitsgründen nicht zum Studium zuzulassen. Zuvor hatte ein Richter entschieden, dass eine Angeklagte im Gerichtssaal ihren Niqab bei der Vernehmung abnehmen müsse (Cochrane 2013, Silvestri 2013). Dänemark mit einer evangelisch-lutherischen Staatskirche verbietet keine religiösen Kleidungsstücke, wird aber – ähnlich wie die Niederlande und Österreich – immer wieder mit Forderungen vor allem rechter Politiker nach entsprechenden Verboten konfrontiert (Berghahn 2008: 439; Hadj-Abdou u.a. 2012: 136).

Gesellschaftspolitische Debatten zu Kopftuch und Gesichtsschleier

Kopftuch und Gesichtsschleier sind europaweit Anlass und Projektionsfläche von und für alle Konflikte, die das Zusammenleben in einer pluralistischen Gesellschaft mit sich bringt. Debattiert wird über Feminismus, individuelle und nationale Identitäten, Werte, Einwanderungspolitik, Moderne, Rechte von Minderheiten und nicht zuletzt das Verhältnis von Staat-Religion. Zwar unterscheiden sich die europäischen Staaten in ihren Staats-Religion-Regimen (siehe oben) ebenso wie in der Dauer der Erfahrung, die sie mit Einwanderung haben und ihrer Gründungsgeschichte, die zu muslimisch motivierter Verhüllung ausgetauschten Argumente

---

Blumenthal 2012; Wiese 2013; zur Übersicht über weitere „Kopftuch-Fälle" Wiese 2011, S. 91.

[30] Zu Religions-bezogenen Fällen in Großbritannien Fehr 2009, S. 160ff.; zur Analyse des britischen Umgangs mit religiös motivierter Kleidung Berghahn 2012, S. 103ff., Hadj-Abdou/ Woodhead 2012, S. 186ff.; zum Schulverweis wegen Barttragens: Online http://www.spiegel.de/schulspiegel/ausland/muslime-an-englischer-schule-baerte-nicht-erlaubt-a-926088.html (Zugriff am 6.11.2013).

[31] Die Welt 19.7.2010, Online: http://www.welt.de/politik/ausland/article8538882/Britischer-Premier-Cameron-gegen-Burka-Verbot.html?print=true#reqdrucken (Zugriff am 9.9.2013).

sind aber dennoch alle ähnlich. Beispielhaft für andere europäische Länder seien hier die deutschen Debatten angerissen: Argumentiert wird in Deutschland einerseits, dass Kopftuch- und Burka-Verbote notwendig seien, um erstens muslimische Frauen vor Unterdrückung durch ihre Männer zu schützen und damit zugleich zu verhindern, dass die Geschlechtergleichberechtigung auch für nichtmuslimische Frauen geschwächt wird, und um zweitens die deutsche Gesellschaft vor dem kulturellem und politischen System namens Islam, dessen Werte dem Grundgesetz entgegenstehen, zu schützen, indem die Muslim/innen zur Anpassung an die Lebensweise der (numerischen) Mehrheit gedrängt werden. Diese Notwendigkeit wird aber nicht von allen Autor/innen akzeptiert. Die Kritik an der islamkritischen Position verweist drauf, dass eine liberale Gesellschaft – innerhalb gewisser Grenzen – durchaus andere Werte etc. integrieren könne; zugleich sei es widersprüchlich, in einer ohnehin immer noch sexistischen Gesellschaft gerade muslimische Frauen schützen zu wollen und sie dabei in ihrer Würde zu beschränken. Ein Kopftuchverbot sei – so diese Position – letztlich der Versuch, einen Teil der Gesellschaft durch Abgrenzung gegenüber Muslim/innen als Mehrheitsgesellschaft zu definieren (zur ausführlicheren Darstellung dieser Debatte Wiese 2011, S. 93f. mit weiteren Nachweisen). [32]

Eine etwas andere Bedeutung haben Kopftuch- und Gesichtsschleierverbote, Debatten um deren Aufhebung, bzw. die nun tatsächlich praktizierte Aufhebung aber wohl in der Türkei: Dort stellen die Muslim/innen ja gerade keine Minderheit dar, vielmehr bilden sie die Mehrheit. Der Staatengründer Kemal Atatürk hat autoritär ab 1923 das Kopftuch und andere muslimisch geprägte Bräuche verboten, um – inspiriert vom französischen Laizismus – das Land nach europäischem Vorbild zu modernisieren (Piltz 2013; Berghahn u. a. 2012, S. 152; Krämer 2013). Dort wird das Kopftuch deshalb von den kemalistisch geprägten Bevölkerungsgruppen als Bedrohung der türkischen Moderne gesehen (Berghahn u.a. 2012, S. 156, 159, 161). Diese Furcht ist nachvollziehbar angesichts der Tatsache, dass Erdogan aktuell nicht nur die Kopftuchverbote aufgehoben, sondern auch die getrennte Unterbringung von männlichen und weiblichen Studierenden in Studentenwohnheimen gefordert hat (Güsten 2013a)

---

[32] Zum Zusammenhang zwischen Säkularismus, Geschlechterverhältnissen und Gesichtsschleier Amir-Moazami (2013); zur Debatte um Migration und Geschlechterverhältnisse Hadj-Abdou (2012); zur feministischen Debatte in Frankreich Spohn (2013); zur feministischen Auseinandersetzung in der Schweiz einerseits Rieder/Joris (2010) gegen ein Burkaverbot und andererseits Keller-Mesahli/Sivagenesan (2010) für ein Burkaverbot.

Vorgaben der Europäischen Menschenrechtskonvention für Kopftuch- und Gesichtsschleierverbote

Kopftuchverbote sind schon häufiger vor dem Europäischen Menschenrechtsgerichtshof (EGMR) verhandelt worden. Nun hat sich dieser erstmalig im November 2013 mit dem (französischen) Gesichtsschleier-Verbot auseinandergesetzt (EGMR 2011 und 2013a).[33] Im Folgenden soll zunächst erläutert werden, wie der EGMR die Europäische Menschenrechtskonvention (EMRK) auf das Tragen von religiösen Symbolen und Kleidungsstücken anwendet (1.), um sodann sowohl eine Prognose über die Entscheidung des EGMR zum Gesichtsschleier zu treffen als auch dessen Rechtsprechung zu Kopftüchern zu kritisieren (2.).

Religionsfreiheit nach Artikel 9 EMRK

Artikel 9 EMRK schützt die Freiheit, seine Religion durch Praktizieren von Bräuchen oder Riten zu bekennen (Absatz 1). Der EGMR hat bislang für das Tragen des religiös motivierten Kopftuches den Schutzbereich von Art. 9 eröffnet: Zwar hat er in Metropolitan Church of Bessarabia ausgeführt, dass Art. 9 EMRK nicht jede Handlung schütze, die durch Religion motiviert sei (EGMR 2001a, Nr. 114). Vielmehr müsse die Handlung eng mit dem jeweiligen Glauben verbunden sein (EGMR 2013b, Nr. 82). Dagegen sei nicht erforderlich, dass mit dem Handeln eine religiöse Pflicht erfüllt werde (EGMR 2013b, Nr. 82). Ebenso wenig dürfe der Staat die Legitimität der Glaubens-geleiteten Handlung überprüfen (EGMR 2005: Nr. 107, 2001a: Nr. 117). Dementsprechend lag für den Gerichtshof in Sahin das Tragen eines Kopftuches im Schutzbereich der Religionsfreiheit, weil es für die Trägerin Ausdruck ihres Willens, islamischen Glaubenspflichten nachzukommen, war (EGMR 2005, Nr. 78; zustimmend Finke 2010, S. 1128f.; Brems/ Ouald Chaib 2013, S. 22ff.).

Eingriffe in die Religionsfreiheit können aber gerechtfertigt sein. Nach Art. 9 Abs. 2 EMRK sind Einschränkungen zulässig, wenn sie gesetzlich vorgesehen und in einer demokratischen Gesellschaft notwendig sind *„für die öffentliche Sicherheit, zum Schutz der öffentlichen Ordnung, Gesundheit oder Moral oder zum Schutz der Rechte und Freiheiten anderer".* Durch Art. 9 EMRK sieht der EGMR die individuelle Religionsfreiheit des Einzelnen im gleichen Maße geschützt wie das Interesse der Gesellschaft an einem religiösen Pluralismus (EGMR 2013, Nr. 84). Gerade deshalb hält er die Religionsfreiheit für einen Grundpfeiler der Demokratie (EGMR 2005, Nr. 104). Ein *„wahrer religiöser Pluralismus"* sei für eine demokratische Gesellschaft unverzichtbar (EGMR 2005, Nr. 110). Dieser Pluralismus hänge von der Religionsfreiheit ab; denn die Religionsfreiheit schütze auch *„Atheisten, Agnostiker, Skeptiker und religiös oder weltanschaulich Gleichgültige"* (EGMR 2005, Nr. 104). Letztlich schafft der EGMR mit dem religiösen

---

[33] Ein Urteil lag bei Abschluss dieses Beitrages noch nicht vor.

Pluralismus ein weiteres nicht in der EMRK festgeschriebenes Ziel, zu dessen Gunsten die Religionsfreiheit eingeschränkt werden kann.

Ob ein Eingriff in Art. 9 EMRK gerechtfertigt ist, hängt maßgeblich von dessen *„Notwendigkeit in einer demokratischen Gesellschaft"* ab (Hector 2011, S. 256). Den Konventionsstaaten räumt der EGMR für die Beurteilung, ob eine Maßnahme notwendig ist, einen Spielraum ein (EGMR 2005, Nr. 109). Grund dafür ist laut EGMR die Tatsache, dass es in Europa *„keine einheitliche Auffassung über die Bedeutung der Religion in der Gesellschaft"* gibt (EGMR 2005, Nr. 109; 1994, Nr. 50; Wiese 2008, S. 258 mit weiteren Nachweisen). Der EGMR überwacht diesen Beurteilungsspielraum aber durch eine „europäische Kontrolle" sowohl hinsichtlich der gesetzlichen Grundlage für das staatliche Handeln als auch deren Anwendung auf den Einzelfall (EGMR 1993a, Nr. 47). Er prüft, ob die staatlichen Maßnahmen, die die Religionsfreiheit einschränken, *„grundsätzlich gerechtfertigt und verhältnismäßig sind"* (EGMR 2005, Nr. 110; 2001b, S. 13). Für diese Prüfung macht der EGMR im Wesentlichen drei inhaltliche Vorgaben: Neben der Pflicht, religiösen Pluralismus zu gewährleisten, muss der Staat alle Religionen gleich behandeln und sich eines Urteils über die Legitimität der Glaubensüberzeugung enthalten (EGMR 2010, Nr. 46; 2005, Nr. 107; Hector 2011, S. 256).

Nach der Rechtsprechung des EGMR darf ein Konventionsstaat demnach die Religionsfreiheit einschränken, um den gesellschaftlichen Pluralismus, die öffentliche Sicherheit oder Ordnung, die Gesundheit oder Moral oder die Rechte und Freiheiten anderer zu schützen, wenn er im Hinblick auf diese Ziele verhältnismäßig vorgeht, alle Religionen gleich behandelt und keine Urteil über ihre Legitimität trifft. In Anwendung dieser Rechtssätze hat der EGMR bislang staatliche Verbote religiöser Kleidung und Symbole in Bildungseinrichtungen ausnahmslos als im Einklang mit Art. 9 EMRK gesehen: In Karaduman erkannte der Gerichtshof 1993 keinen Art. 9-Verstoß darin, dass eine türkische Universität einer Studentin das Abschlusszertifikat verweigerte, weil diese kein Passfoto ohne Kopftuch hatte. 2001 – Dahlab - hielt der Gerichtshof das vom Kanton Genf an eine Grundschullehrerin gerichtete Verbot, ein Kopftuch im Dienst zu tragen für rechtmäßig. Im Verfahren Sahin erlaubte der Gerichtshof türkischen Universitäten, das Tragen von Kopftüchern zu verbieten (EGMR 2005, 2004).[34] Ebenso entschied der Gerichtshof in Dogru und Kervanci, dass ein Kopftuch-Verbot während des Sportunterrichts an einer französischen Grundschule nicht gegen die Religionsfreiheit verstoße (EGMR 2008). 2009 hielt der EGMR mehrere Verbote von religiöser Kleidung – neben Kopftüchern auch Sikh-Turbane - in französischen Schulen für rechtens (2009b – g).

Ebenso gewährte der EGMR den Vertragsstaaten einen großen Beurteilungsspielraum, sofern religiöse Kleidung die öffentliche Sicherheit betraf. Keine Verletzung der Religionsfreiheit sah der Gerichtshof demnach 1965 in dem Zwang ei-

---

[34] Zur Kritik daran s. abweichende Meinung der Richterin Tulkens (EGMR 2005a, S. 42ff.)

nes Häftling in Österreich seinen religiös begründeten Kinnbart abzunehmen, damit der Staat ihn besser erkennen könne; 1978 in der Pflicht eines Sikh in Großbritannien beim Motorradfahren aus Gründen der Verkehrssicherheit und des Gesundheitsschutzes einen Helm zu tragen; 2005 in der Pflicht eines Sikh in Frankreich, bei einer Sicherheitskontrolle den Turban abzunehmen und zuletzt 2008 in der Ablehnung eines Einreisevisums für eine Marokkanerin, die sich weigerte, für eine Personenkontrolle ihr Kopftuch abzulegen – El Morsli. Die Personenkontrolle diene als Teil der legitimen Sicherheitsvorkehrungen eines Konsulats der öffentlichen Sicherheit.[35]

Von dem weiten Beurteilungsspielraum, den der Gerichtshof den Mitgliedsstaaten in Bezug auf Religion im Zusammenhang mit Bildungseinrichtungen und nationaler Sicherheit gewährt, weicht er aber in Eweida, Arslan und Lautsi ab: 2013 erklärte der Gerichtshof in Eweida die von einem kommunalen Krankenhaus gegenüber einer christlichen Krankenschwester ausgesprochene Weisung, ihr an einer Kette getragenes Kreuz abzunehmen, für rechtmäßig. Diese diene dem berechtigten Interesse, Verletzungen der Krankenschwester zu verhindern (EGMR 2013, S. 99). Dagegen sah er aber die Weisung von British Airways an eine Mitarbeiterin des Bodenpersonals, ihr an der Halskette getragenes Kreuz abzunehmen, nicht als rechtmäßig an. Das Interesse von Britisch Airways, eine Corporate Identity ohne religiöse Symbole aufrechtzuerhalten, reiche als Rechtfertigungsgrund nicht aus (EGMR 99, Nr. 94).

In Arslan beanstandete der EGMR 2010 die Verurteilung der Mitglieder der Religionsgemeinschaft „Aczimendi tarikatÿ" wegen Verstoßes gegen das Gesetz bezüglich des Tragens von Kopfbedeckungen und gegen die Vorschriften bezüglich des Tragens religiöser Kleidung in der Öffentlichkeit. Sie waren verurteilt worden, nachdem sie in der für sie typischen Bekleidung (Turban, weite Hose, Tunika und Stock) durch die Straßen gezogen und vor Gericht erschienen waren. Der Gerichtshof sah darin eine Verletzung von Art. 9 EMRK. Zwar diene das türkische Gesetz dem Schutz der öffentlichen Sicherheit und Ordnung sowie den Rechten anderer (EGRM 2010, Nr. 43), die Türkei habe aber nicht ausreichend nachgewiesen, dass diese Güter durch die religiöse Kleidung in der Öffentlichkeit verletzt worden seien (EGMR 2010, Nr. 44ff.). Von einer Gefahr durch die Männer sei nicht auszugehen, weil es sich bei ihnen um einfache Bürger und nicht um staatliche Repräsentanten gehandelt habe (EGMR 2010, Nr. 48). Der EGMR stellte ausdrücklich klar, dass dem türkischen Staat beim Tragen religiöser Kleidung in der Öffentlichkeit nicht derselbe Beurteilungsspielraum zustehe wie in Bildungseinrichtungen (EGMR 2010, Nr. 49).

---

[35] S. zudem Marshall (2008, S. 632 Fn. 4 u. S. 644f.) zur Darstellung von 3 EGMR-Fällen, in denen die türkischen Beschwerdeführer aus der Armee entlassen worden waren, weil ihnen Fundamentalismus vorgeworfen wurde. Vor dem Gerichtshof führten sie an, dass sie auch deshalb entlassen worden seien, weil ihre Frauen ein Kopftuch trugen. Der Gerichtshof ging auf dieses Argument aber nicht ein.

In Lautsi 2009 entschied der EGMR, dass eine staatliche italienische Schule keine Kruzifixe aufhängen darf. Ausschlaggebend war für den Gerichthof, dass Neutralität im Kontext von Bildung Pluralismus garantieren solle (EGMR 2009, Nr. 47e). Ein Symbol, das so offensichtlich mit dem Christentum in Verbindung stehe, unterstütze aber keinen Pluralismus (EGMR 2009, Nr. 56). Ein Spielraum zur Deutung des Kreuzes habe Italien nicht. Dagegen hatte der italienische Staat argumentiert, dass es nur ihm zustehe, Säkularismus zu interpretieren (EGMR 2009, Nr. 41; in diese Richtung auch Augsberg/Engelbrecht 2010).

Entscheidungen des EGMR zu Kopftuch und Gesichtsschleier: Prognose und Kritik

Die bisherige Rechtsprechung des EGMR zu religiösen Symbolen und Kleidungsstücken lässt vermuten, dass er entsprechende Verbote in staatlichen Bildungseinrichtungen wohl auch dann billigen würde, wenn sie in nichtlaizistischen Ländern wie Deutschland ausgesprochen werden. Für diesen Bereich hat der Gerichtshof den Mitgliedsstaaten bislang ausnahmslos zugebilligt, weitgehend selbstständig zu beurteilen, ob ein Verbot zum Schutz der Rechte und Freiheiten anderer, der öffentlichen Sicherheit und Ordnung notwendig ist.

Diese Rechtsprechung ist aber zu kritisieren: Erstens vernachlässigt der EGMR die individuelle Religionsfreiheit zugunsten eines (vermeintlich) religiösen Pluralismus (Brems/Ouald Chaib 2013, S. 25; Finke 2010, S. 1130). Von Pluralismus kann nur dann ernsthaft gesprochen werden, wenn religiös geprägte Verhaltensweisen in allen öffentlichen Bereichen – auch Bildungseinrichtungen – gleichberechtigt neben denen von *„Atheisten, Agnostikern, Skeptikern* [...]*"* wahrzunehmen sind. Erforderlich ist deshalb eine stärkere Abwägung der individuellen sich im einzelnen Konflikt gegenüberstehenden Rechte (so wohl auch Krimphove 2009, S. 347) Zweitens hat der EGMR es bislang versäumt, zu würdigen, dass religiöse Kleidung überwiegend von Frauen getragen wird und die Verbote deshalb vor allem Frauen treffen. Nach Art. 14 EMRK sind jedoch alle in der Konvention anerkannten Rechte und Freiheiten ohne Diskriminierung insbesondere wegen des Geschlechts [...] zu gewährleisten. Verbote religiöser Kleidung verletzten Art. 14 EMRK jedenfalls mittelbar. Dagegen sah der EGMR in Dahlab in dem Kopftuchverbot keine Diskriminierung aufgrund des Geschlechtes, weil das Verbot nicht auf die Zugehörigkeit zum weiblichen Geschlecht ziele, sondern sich auch gegen einen Mann richten könne (EGMR 2001b, S. 16).

Erfreulicherweise entschied der Menschenrechtsausschuss der Vereinten Nationen 2012, dass der Rauswurf eines französischen Schülers wegen seines Sikh-Turbans (Keski) aus einer öffentlichen Schule 2004 seine Religionsfreiheit nach Artikel 18 des Internationalen Paktes über zivile und politische Rechte[36] verletzt habe. Die Strafe habe der Staat über den Jungen nur wegen seiner Zugehörigkeit

---

[36] Internationaler Pakt über bürgerliche und politische Rechte vom 19.12.1966 (BGBl. 1973 II 1553).

zu einer religiösen Gruppe verhängt. Frankreich habe nicht hinreichend nachgewiesen, dass der Schüler mit dem Keski die Freiheiten anderer Schüler bedroht habe. Der Verweis von der Schule beeinträchtigte das Recht des Junges auf staatliche Erziehung (United Nations/Human Rights Committee 2012).

Für die Prognose über den Ausgang des anstehenden Urteils des Gerichtshofes zum französischen Gesichtsschleierverbot sind die Voraussetzungen der Religionsfreiheit zu prüfen: Das Tragen des religiös motivierten Gesichtsschleiers müsste ebenso wie das Tragen eines religiös motivierten Kopftuches (EGMR 2008a und b, 2005a, 2001b, 1993b) im Schutzbereich der Religionsfreiheit liegen. Ein Verbot, einen religiös motivierten Gesichtsschleier in der Öffentlichkeit zu tragen, greift in diese Religionsfreiheit ein. Ob das Verbot gerechtfertigt werden kann, ist zunächst abhängig von den Zielen, die damit verfolgt werden sollen. Laut der parlamentarischen Debatte zum Gesetzesentwurf verfolgt der französische Gesetzgeber mit dem Verbot der Gesichts-Verschleierung erstens das Ziel, die öffentliche Sicherheit als Teil der öffentlichen Ordnung zu schützen. Die Verhüllung ermögliche Straftraten zu begehen, ohne sich zu erkennen zu geben. Zweitens sollen Mindestanforderungen gesellschaftlichen Zusammenlebens als Teil der immateriellen öffentlichen Ordnung geschützt werden; dazu zählt die Erkennbarkeit des Gesichts für den Anderen, dem jemand im öffentlichen Raum begegnet. Drittens sollen Frauen vor Ausschluss und Erniedrigung geschützt werden (Assemblée Nationale 2010, Pkt. II.2). In ähnlicher Weise wollte das belgische Parlament mit dem Gesichtsschleier-Verbot ein Gesellschaftsmodell verteidigen, in dem der Einzelne Vorrang vor seinen kulturellen und religiösen Verbindungen hat, um dafür zu sorgen, dass die Bürger gemeinsame Grundwerte teilen, nämlich unter anderem das Recht auf Gewissensfreiheit, Demokratie, Gleichheit zwischen Männern und Frauen oder Trennung von Kirche und Staat. Die Individualität eines jeden Rechtssubjektes in einer demokratischen Gesellschaft sei nicht denkbar, ohne dass sein Gesicht sichtbar sei. Dagegen entziehe das Tragen eines Vollschleiers der Frau ein fundamentales Element ihrer Individualität. Das gelte selbst dann, wenn dies Folge ihrer wohlüberlegten Entscheidung sei (Grondwettelijk Hof van België 2012, B.17, B.21, B.22 und B.23).

Das französische Verbotsgesetz wäre ein rechtmäßiger Eingriff in die Religionsfreiheit der Burka etc.- tragenden Frauen, wenn die zu erreichenden Ziele legitim und der Eingriff verhältnismäßig wäre: Das Ziel „Schutz der öffentlichen Sicherheit" ist legitim, allerdings ist zu bezweifeln, dass ein Gesichtsschleier-Verbot tatsächlich geeignet ist, dieses Ziel zu erreichen. Straftäter/innen versuchen gemeinhin bei der Tat unerkannt zu bleiben und anzuzweifeln ist, dass sich das durch ein Gesichtsschleier-Verbot spürbar ändern würde. Zudem bleibt Verhüllung durch Karnevalskostüme, Trachten und Berufskleidung erlaubt und ermöglicht ebenso kriminelles Handeln, ohne sich zu erkennen zu geben.[37] Vor allem

---

[37] Zum Mörder im Clownskostüm: http://www.taz.de/50-Jahre-Ronald-McDonald/!126502/ (Zugriff am 7.11.2013).

sind weltweit nur wenige Fälle von Täter/innen bekannt, die den Schutz der Burka für (terroristische) Straftaten missbraucht haben.[38] Dagegen würde das Gesetz ca. 2.000 Frauen in Frankreich treffen, die eine Burka tragen,[39] ohne dass ihnen per se eine kriminelle Absicht unterstellt werden kann. Stattdessen ermuntert das Verbot anscheinend einige Menschen erst zu verwerflichem Verhalten: Bei einer Befragung von 32 Frauen mit Gesichtsschleier in Frankreich 2010/11 gaben 30 an, dass sie mit Beginn der Debatte über das Gesichtsschleierverbot stärker als zuvor verbal und zum Teil auch physisch attackiert worden seien (Open Society Institute 2011). Der Eingriff in ihre Religionsfreiheit durch das pauschale Gesichtsschleier-Verbot ist demnach unverhältnismäßig (ebenso Finke 2010, S. 1129f; anderer Ansicht Hector 2011, S. 262). Der Gesichtsschleier kann aber gerechtfertigter Weise abgenommen werden müssen in Situationen, in denen die Identität einer Person festzustellen ist – bei erkennungsdienstlichen Maßnahmen der Polizei, Prüfungen oder Wahlen (WD 2010a, 2010b, anderer Ansicht wohl Brems/Ouald Chaib 2013, S. 25).

Ebenso legitim ist es selbstverständlich auch, dass Frankreich Maßnahmen zum Schutz von muslimischen Frauen ergreift. Die Geeignetheit eines Gesichtsschleier-Verbotes zum Erreichen dieses Zieles ist allerdings kaum nachvollziehbar: Es lässt sich bereits nicht nachweisen, dass die Frauen mehrheitlich hinter den Gesichtsschleier gezwungen werden – wovon der französische Gesetzgeber aber auszugehen scheint. Die 32 Frauen mit Gesichtsschleier, die 2010/2011 in Frankreich befragt wurden, sind jedenfalls laut ihrer eigenen Aussage nicht zum Gesichtsschleier gezwungen worden. Vielmehr handle es sich um ihre eigene Entscheidung, die sie in den meisten Fällen sogar gegen den Widerstand ihrer Familie, in der Regel der Mütter, durchgesetzt haben (Open Society Institute 2011). Dasselbe sagten in Belgien die 2010/2011 befragten 27 Frauen mit Gesichtsschleier (Brems u.a. 2012, S. 8). Selbst wenn die ca. 2000 Frauen in Frankreich aber mehrheitlich unter den Gesichtsschleier gezwungen würden, ist das Verbot kaum das geeignete Mittel um sie vor diesem Zwang zu schützen, eher wird es sie in ihrem Bewegungsspielraum noch weiter einschränken (Finke 2011, S. 1129; Wiese 2011, S. 103). Viele der in Frankreich befragten 32 Frauen gaben an, dass sie auch nach Inkrafttreten des entsprechenden Verbotes den Gesichtsschleier nicht abnehmen, sondern vielmehr vermeiden würden, das Haus zu verlassen.

---

[38] Zum Terrorverdächtigen, der in einer Burka floh: http://www.spiegel.de/politik/ausland/ grossbritannien-verdaechtiger-entwischt-scotland-yard-in-burka-a-931598.html   (6.112013); zum Selbstmordattentäter in Burka in Afghanistan http://www.sueddeutsche.de/politik/ge walt-in-afghanistan-selbstmordattentaeter-in-burka-1.217954 (Zugriff am 7.11.2013) und in Pakistan   http://www.focus.de/politik/ausland/pakistan_aid_134462.html   (Zugriff   am 7.11.2013); zur Angeklagten mit Burka im „Terror-Prozess" in Österreich s.o. Fn 15;

[39] beck-aktuell-Redaktion, 23.9.2011, Online: http://beckonline.beck.de/Default.aspx?typ=reference&y=300&Z=becklink&N=1016241 (Zugriff am 17.8.2013). In Belgien trugen 2012 schätzungsweise zwischen 200 und 270 Frauen einen Gesichtsschleier, offizielle Zahlen dazu existierten aber nicht (Brems u.a. 2012, S. 2 Fn 5).

Das französische Gesichtsschleier-Verbot soll zudem das freie Antlitz als Mindestanforderung gesellschaftlichen Zusammenlebens schützen. Das ist aber mit Blick auf die Religionsfreiheit kein legitimes staatliches Ziel, weil es nicht zu den wesentlichen Funktionsbedingungen der europäischen Demokratie gehört, dass alle mit unbedecktem Gesicht miteinander kommunizieren (Wiese 2011, S. 103). Die Kommunikation mit offenem Gesicht ist zwar wünschenswert, der Staat kann aber nicht vorschreiben, ob und wie jemand am gesellschaftlichen Miteinander teilhat. Dafür spricht der Schutz der Privatsphäre durch Art. 8 EMRK, der es den Einzelnen gerade erlaubt, nicht am öffentlichen Leben teilzunehmen (Finke 2010, S. 1130).

Festzuhalten ist demnach, dass der EGMR das französische Burka-Verbot wohl als unverhältnismäßigen und damit ungerechtfertigten Eingriff in die Religionsfreiheit werten wird (Europarat 2010a und b).

Fazit

Die europäischen Staaten begegnen Religion und Weltanschauung sehr unterschiedlich. Diese Unterschiedlichkeiten hat der Europäische Gerichtshof für Menschenrechte bislang respektiert und den Konventionsstaaten überwiegend einen großen Beurteilungsspielraum hinsichtlich der demokratischen Notwendigkeit von Eingriffen in die Religionsfreiheit eingeräumt. Verbote des Tragens von Kopftuch und anderen religiösen Symbolen hat der EGMR demzufolge jedenfalls dann, wenn sie in Bildungseinrichtungen ausgesprochen worden sind, für rechtmäßig erklärt. Eine solche Rechtsprechung geht aber zu Lasten der individuellen Religionsfreiheit der betroffenen Gläubigen. Im Fall von Kopftuch- und Gesichtsschleierverboten missachtet der EGMR zudem Art. 14 EMRK, wenn er sie akzeptiert bzw. akzeptieren würde. Aber nicht nur die Autonomie der muslimischen Frauen, die sich Kopf bzw. Gesicht verhüllen (Marshall 2008, S. 651), verlangt, dass der EGMR seine Rechtsprechung überdenkt. Entscheidend ist die mehr oder wenige starke Feindseligkeit, der Muslim/innen in vielen europäischen Ländern begegnen. Da sich die europäischen Staaten aber alle auf Gleichbehandlung ihrer Bürger/innen verpflichtet haben, ist es am EGMR den Beurteilungsspielraum der Länder zugunsten dieser Gleichbehandlung einzuschränken.

Literatur

Gerichtsurteile und –verfahren, Entscheidungen politischer Gremien

Assemblée Nationale, Commission des lois constitutionelles (2010): Bericht Nr. 2648 v. 23.6.2010 des Abgeordneten Jean-Paul Garraud,
http://www.assemblee-nationale.fr/13/rapports/r2648.asp#P205_44594 (4.11.2013).
Amtsgericht Bremen-Blumenthal (AG Bremen-Blumenthal) (2012): Urteil vom 30.1.2012 – 42 C 1005/10.

Arbeitsgericht Berlin (ArbG Berlin) (2012): Urteil vom 28.3.2012 – Az. 55 Ca 2426/12).

Bundesarbeitsgericht (BAG) (2009a): Urteil vom 10.12.2009 – 2 AZR 55/09, http://juris.bundesarbeitsgericht.de/cgi-bin/rechtsprechung/list.py?Gericht=bag&Art=en.

BAG (2009b): Urteil vom 20.8.2009 – 2 AZR 499/08.

Bundesgericht (der Schweiz) (2013): Urteil vom 11.7.2013, 2C_794/2012, http://www.bger.ch/.

Bundesgericht (1997): Urteil vom 12.11.1997 = BGE 123 I, 296.

Bundesverfassungsgericht (BVerfG) (2006): Beschluss vom 27.6.2006 – Az. 2 BvR 677/05; http://www.bverfg.de/entscheidungen.html.

BVerfG (2003): Urteil vom 24.9.2003 – 2 BvR 1436/02 = BVerfGE 108, 282.

Bundesverwaltungsgericht (BVerwG) (2013): Urteil vom 11.09.2013 - 6 C 25.12, http://www.bverwg.de/110913U6C25.12.0.

Conseil Constitutionnel (Französisches Verfassungsgericht) (2010): Decision n° 2010 - 613 DC of October 7th 2010, Act prohibiting the concealing of the face in public, http://www.conseil-constitutionnel.fr/conseil-constitutionnel/root/bank_mm/anglais/en2010_613dc.pdf.

Conseil d'Etat (Französischer Staatsrat, der sowohl oberstes Verwaltungsgericht wie auch Beratungsgremium der Regierung ist) (2010): Etude relative aux possibilités juridiques d'interdiction du port du voile intégral, 25.3.2010, http://www.conseil-etat.fr/media/document/avis/etude_vi_30032010.pdf (4.11.2013).

Conseil de Prud'hommes de Mantes-la-Jolie (2010): Arrêt du 13 décembre 2010.

Cour d'Appel de Versailles (2011): Arrêt du 27 octobre 2011.

Cour de Cassation - Chambre sociale (französisches Revisionsgericht, entspricht in etwa dem deutschen Bundesgerichtshof) (2013): Arrêt n° 536 du 19 mars 2013 (11-28.845) - ECLI:FR:CCASS:2013:SO00536.

Europäischer Gerichtshof für Menschenrechte (EGMR) (2013a): Relinquishment to the Grand Chamber of a case concerning the wearing of the burka in public places in France, Presse Release by the Registrar of the Court from 30.5.2012, ECHR 165 (2013).

EGMR (2013b): Urteil vom 15.1.2013, Nr. 48420/10, 59842/10, 51671/10 and 36516/10 (Eweida, Chaplin and others ./. The United Kingdom), http://hudoc.echr.coe.int.

EGMR (2011): Beschwerde Nr. 43835/11 (S.A.S. ./. France).

EGMR (2010): Urteil vom 23.2.2010, Nr. 41135/98 (Arslan u.a. ./. Türkei).

EGMR (2009a): Urteil vom 3.11.2009, Nr. 30814/06 (Lautsi ./. Italien).

EGMR (2009b): Entscheidung vom 30.6.2009, Nr. 43563/08 (Aktas ./. Frankreich).

EMGR (2009c): Entscheidung vom 30.6.2009, Nr. 14308/08 (Bayrak ./. Frankreich).

EMGR (2009d): Entscheidung vom 30.6.2009, Nr. 18527/08 (Gamaleddyn ./. Frankreich).

EMGR (2009e): Entscheidung vom 30.6.2009, Nr. 29134/08 (Ghazal ./. Frankreich).

EMGR (2009f): Entscheidung vom 30.6.2009, Nr. 27561/08 (R. Singh v. Frankreich).

EMGR (2009g): Entscheidung vom 30.6.2009, Nr. 25463/08 (J. Singh v. Frankreich).

EGMR (2008a): Urteil vom 4.12.2008, Nr. 27058/05 (Dogru ./. Frankreich).

EGMR (2008b): Urteil vom 4.12.2008, Nr. 31645/04 (Kervanci ./. Frankreich).

EGMR (2008c): Entscheidung vom 4.3.2008, Nr. 15585/06 (El Morsli ./. Frankreich).

EGMR (Große Kammer) (2005a): Urteil vom 10.11.2005, Nr. 44774/98 (Şahin ./. Türkei).

EGMR (2005b): Nichtzulässigkeitsentscheidung (2. Abteilung) vom 11.1.2005, Nr. 35753/03 (Phull ./. Frankreich)

EGMR (2004): Urteil vom 29.6.2004, Nr. 44774/98 (Şahin ./. Türkei).

EGMR (2001a): Urteil vom 13.12.2001, Nr. 45701/99 (Metropolitan Church of Bessarabia u. a. ./. Moldawien).

EGMR (2001b): Urteil vom 15.2.2001, Nr. 42393/98 (Dahlab ./. Schweiz).

EGMR (1994): Urteil vom 20.9.1994, Nr. 13470/87, (Otto-Preminger Institut ./. Österreich).

EGMR (1993a): Urteil vom 25.5.1993, Nr. 14307/88 (Kokkinakis ./. Griechenland)

EGMR (1993b): Entscheidung vom 3.5.1993, Nr. 16278/90 (Karaduman ./. Türkei)

EGMR (1978): Nichtzulässigkeitsentscheidung der Europäischen Kommission für Menschenrechte v. 12.7.1978, Nr. 7992/77 (X ./. Vereinigtes Königreich).

EGMR (1965): Entscheidung vom 15.2.1965, Nr. 1753/63 (X ./. Österreich)

Europarat/Kommunikationsabteilung der Parlamentarischen Versammlung (2010a): Parlamentarische Versammlung lehnt einstimmig ein allgemeines Verbot für das Tragen der Burka ab, Pressemitteilung – 508(2010), https://wcd.coe.int/ViewDoc.jsp?id=1640345&Site=COE (10.11.2013).

Europarat/Office of the Commissioner for Human Rights (2010b): "Rulings anywhere that women must wear the burqa should be condemned – but banning such dresses here would be wrong" says Commissioner Hammarberg", Press release – 192 (2010), http://www.coe.int/t/commissioner/Viewpoints/100308_en.asp (Zugriff am 10.11.2013)

Grondwettelijk Hof van België/ Cour constitutionnelle de Belgique (Belgischer Verfassungsgerichtshof) (2012): Entscheid Nr. 145/2012 vom 6.12.2012, Geschäftsverzeichnisnummern 5191, 5204, 5244, 5289 und 5290, http://www.const-court.be/public/d/2012/2012-145d.pdf.

Kammergericht (2012): Urteil vom 9. 10. 2012 - (3) 121 Ss 166/12 (120/12).

Landgericht Bremen (LG Bremen) (2013): Urteil vom 21.6.2013 – 4-S-89/12.

United Nations/ Human Rights Committee (2012): CCPR/C106/D/1852/2008, Communication No. 1852/2008, Views adopted by the Committee at its 106th session (15 October – November 2012) - Singh v. France.

Weitere Literatur

Amir-Moazami, Schirin (2013): The Secular Embodiments of Face-Veil Controversies across Europe, in: Göle, Nilüfer (Hg.), Islam and Public Controversy in Europe, Farnham, S. 83-100.

Augsberg, Ingo/ Engelbrecht, Kai (2010): Staatlicher Gebrauch religiöser Symbole im Licht der Europäischen Menschenrechtskonvention, in: Juristische Zeitung, S. 450 -458.

Balmer, Rudolf: Charta fürs Säkulare, in: die tageszeitung (taz), 10.9.2013.

Barczak, Tristan (2011): „Zeig mir Dein Gesicht, zeig mir, wer du wirklich bist" – Zur religionsverfassungsrechtlichen Zulässigkeit eines Burka-Verbotes unter dem Grundgesetz, in: Die öffentliche Verwaltung 2, S. 54ff.

BBC News (2010, 15.6): The Islamic veil accross Europe, http://news.bbc.co.uk/2/hi/5414098.stm (Zugriff am 9.9.2013).

Berghahn, Sabine (2012): Legal regulations: responses to the Muslim headscarf in Europe, in: Rosenberger, Sieglinde/Sauer, Birgit (Hg.): Politics, Religion and Gender. Framing and regulating the veil, London/ New York, S. 97-115.

Berghahn, Sabine/ Gül Corbacioglu/ Rostock, Petra/ Sanna, Eleonara Maria (2012): In the name of laicité and neutrality: prohibitive regulations of the veil in France, Germany and Turkey, in: Rosenberger, Sieglinde/ Sauer, Birgit (Hg.): Politics, Religion and Gender. Framing and regulating the veil. London/ New York, S. 150-168.

Berghahn, Sabine (2010): Kulturelle Differenzen zwischen Öffentlichkeit und Privatheit – eine Überforderung für das Recht?, in: Seubert, Sandra/ Nießen, Peter (Hg.): Die Grenzen des Privaten. (Schriftenreihe der Sektion Politische Theorien und Ideengeschichte in der DVPW, Bd. 16), Baden-Baden, S. 109-129.

Berghahn, Sabine (2008): Regelungsregime zum islamischen Kopftuch in Europa: Standard und Abweichung, in: Österreichische Zeitschrift für Politikwissenschaft, 37 Jg. H. 4, S. 435 – 450.

Bielefeldt, Heiner (2013): Misperceptions of Freedom of Religion or Belief, in: Human Rights Quarterly 35, S. 33 – 68.

Brems, Eva/ Ouald Chaib, Saïla (2013): Doing Minority Justice Through Procedural Fairness: Face Veil Bans in Europe, in: Journal of Muslims in Europe (2), S. 1-16.

Brems, Eva/ Janssens, Yaiza/ Lecoyer, Kim/ Ouald Chaib, Saïla/ Vandersteen, Victoria (2012): Wearing the Face Veil in Belgium – Views and Experiences of 27 Women Living in Belgium concerning the Islamic Full Face Veil and the Belgian Ban of Face Covering, Online: http://www.ugent.be/re/publiekrecht/en/research/human-rights/faceveil.pdf (Zugriff am 23.8.2013).

Britz, Gunter (2011): Echo - Verschleierte Menschenwürde?, in: Zeitschrift für Rechtspolitik, S. 26-27.

Cochran, Kira (2013): The niqab debate: ‚Is the veil the biggest issue we face in the UK?', in: The Guardian, 16.9.2013, Online: http://www.theguardian.com/world/2013/sep/16/veil-biggest-issue-uk-niqab-debate (Zugriff am 6.11.2013).

Fehr, Stephie (2009): Das Kopftuch der Lehrerin aus britischer Sicht, in: Berghahn, Sabine/ Rostock, Petra (Hg.): Der Stoff aus dem Konflikte sind – Debatten um das Kopftuch in Deutschland, Österreich und der Schweiz, Bielefeld, S. 149-172.

Finke, Jasper (2010): Warum das „Burka-Verbot" gegen die EMRK verstößt, in: Neue Zeitschrift für Verwaltungsrecht, S. 1127ff.

Gerhard, Rudolf (2010): Zwischenruf – Verschleierte Menschenwürde, in: Zeitschrift für Rechtspolitik, S. 232 f.

Gonzalez, Mélanie (2013): Stoff für Streit, in: Der Tagesspiegel, 22.8.2013, http://www.tagesspiegel.de/politik/frankreich-stoff-fuer-streit/8679532.html (Zugriff am 6.9.2013).

Gottschlich, Jürgen (2013): Kopftuch jetzt auch im Parlament, in: taz, 1.11.2013.

Güsten, Susanne (2013a): Erdogan will Geschlechtertrennung bei Studenten, Weserkurier, 8.11.2013.

Güsten, Susanne (2013b): Mit Kopftuch ins Parlament, Weserkurier, 1.11.2013.

Hadj-Abdou, Leila (2012): Geschlechtergleichheit oder Recht auf kulturelle Differenz?, in: Hausbacher, Eva/ Klaus, Elisabeth/ Poole, Ralph/ Brandl, Ulrike/ Schmutzhart, Ingrid (Hg.): Migration und Geschlechterverhältnisse – Kann die Migrantin sprechen?, Wiesbaden, S. 41 - 61.

Hadj-Abdou, Leila/ Rosenberger, Sieglinde/ Saharso, Sawitri/ Siim, Birte (2012): The limits of populism: accommodative headscarf policies in Austria, Denmark, and the Netherlands, in: Rosenberger, Sieglinde/ Sauer, Birgit (Hg.): Politics, Religion and Gender, London/ New York, S. 132-149.

Hadj-Abdou, Leila/ Woodhead, Linda (2012): Muslim women's participation in the veil controversy: Austria and the UK compared, in: Rosenberger, Sieglinde/ Sauer, Birgit (Hg.): Politics, Religion and Gender, London/ New York, 186-204.

Hahn, Darijana (2013): Besser ohne Kopftuch-Foto bewerben, in: taz 27.8.2013, http://taz.de/Ein-stueck-Stoff/!122657/ (Zugriff am 6.9.2013).

Hector, Pascal (2011): Zur Religionsfreiheit in der Rechtsprechung des Europäischen Gerichtshofs für Menschenrechte, in: Meng, Werner/ Ress, Georg/ Stein, Torsten (Hrsg.): Europäische Integration und Globalisierung. Festschrift zum 60-jährigen Bestehen des Europa-Instituts Saarbrücken, Baden-Baden, S. 249-267.

Joris, Elisabeth/ Rieder, Katrin (2010): Ein feministisches Nein zum Burkaverbot, in: Neue Zürcher Zeitung (NZZ), 12.5.2010.

Keller-Messahli, Saïda/ Sivaganesan, Anu (2010): Menschenrechte sind kein Privileg für Einheimische, in: NZZ, 28.5.2010.

Krämer, Gudrun (2013): Spannungsbögen - Das Verhältnis von Islam, Säkularisierung und säkularem Prinzip ist nicht erst durch den Arabischen Frühling nachhaltig in Bewegung geraten, in: Frankfurter Rundschau, 24.9.2013.

Krimphove, Dieter (2009): Europäisches Religions- und Weltanschauungsrecht, in: Europarecht 3, S. 330 ff.

Kubelka, Louise/ Schian, Marcus (2004): Causa Kopftuch – Ein europäischer Vergleich, Berlin.

Le Bars, Stephanie (2013): Le port du voile à l'université remis en question, in: Le Monde 5.8.2013, Online: http://www.lemonde.fr/societe/article/2013/08/05/le-droit-de-porter-le-voile-a-la-fac-remis-en-question_3457436_3224.html (Zugriff am 10.11.2013).

Marshall, Jill (2008): Conditions for Freedom?: European Human Rights Law and the Islamic Headscarf Debate, in: Human Rights Quarterly 30, S. 631- 654.

Open Society Institute (2011), Unveiling the Truth: Why 32 Women Wear the Full-Face Veil in France, April 2011, Online: http://www.refworld.org/docid/4dabda402.html (Zugriff am 23.8.2013).

Pantel, Nadia (2013): Erst lernen, dann beten, in: Süddeutsche Zeitung (SZ), 7.8.2013.

Piltz, Christopher (2013): 1923 Weg mit Q, W und X, in: Der Freitag, 24.10.2013.

Rosenberger, Sieglinde/ Sauer, Birgit (2012): Framing and regulating the veil: an introduction, in: Rosenberger, Sieglinde/ Sauer, Birgit (Hg.): Politics, Religion and Gender, London/ New York, S. 1-14.

Silvestri, Sara (2013): Großbritannien braucht kein Burkaverbot, Online: http://de.qantara.de/print/17077 (Zugriff am 6.11.2013)

Spohn, Ulrike (2013): Sisters in Disagreement: The Dispute Among French Feminists About the „Burqa Ban" and the Causes of Their Disunity, in: Journal of Human Rights 12(2), S. 145-164.

Wiese, Kirsten (2013): Kein Training mit Kopftuch im Fitnessstudio: Zum Urteil des Landgerichts Bremen am 21. Juni 2013, in: Sabine Berghahn/ Ulrike Schultz (Hg.), Rechtshandbuch für Frauen- und Gleichstellungsbeauftragte, 47. Lieferung, Hamburg, Kapitel 2.4.5.

Wiese, Kirsten (2011): Grenzen der Religionsfreiheit ausloten – Zur Diskussion um Kopftuch- und Burkaverbote in Deutschland und Europa, in Ariёns, Elke/ König, Manfred (Hg.): Glaubensfragen in Europa. Religion und Politik im Konflikt, Bielefeld, S. 87 – 126.

Wiese, Kirsten (2008): Lehrerinnen mit Kopftuch. Zur Zulässigkeit eines religiösen und geschlechtsspezifischen Symbols im Staatsdienst (Beiträge zum Beamtenrecht 10). Berlin

Wissenschaftliche Dienste des Deutschen Bundestages (WD) (2010a): Das Tragen einer Burka im öffentlichen Raum, WD 3 – 3000 – 046/10.

WD (2010b): Zur Vereinbarkeit eine Kopftuch-Verbots und eines Burka-Verbots mit dem deutschen Recht, WD 3 – 3000 – 112/10.

WD (2010c): Zur Vereinbarkeit von Verboten des Minarettbaus sowie des religiös motivierten Tragens von Kopftüchern und Burkas mit internationalen Menschenrechten, WD 2 – 300 – 014/10.

4. RESÜMEE

Perspektiven des Zusammenlebens und der Religionsfreiheit in einem multireligiösen Europa

Amira Hafner Al-Jabaji

Die thematische Vorgabe für den Abschlussvortrag zur Tagung seitens des Veranstalters habe ich so verstanden und umgesetzt, dass ich weniger einen systematischen und akademischen Ansatz verfolge, sondern vielmehr hier einen Versuch wage, das Gehörte und Diskutierte dieser Tagung gedanklich zusammenzufassen. Zwei Haupterkenntnisse lassen sich meines Erachtens ausmachen:

a. Juristisches Recht regelt vieles, aber nicht alles. Es regelt Verhaltensweisen. Es regelt jedoch weder Gesinnungen, noch eine kollektive oder individuelle Stimmung und auch keine vorherrschenden Ressentiments.
b. Es zeigt sich m.E. deutlich, dass es beim Thema der Religionsfreiheit um ein Ringen auf verschiedenen Ebenen und unter Einfluss verschiedener Faktoren geht.

Dieses vielfältige Ringen möchte ich Ihnen darlegen:

1. Es geht um ein Ringen um die Rechte einer Minderheit. Diese Minderheit wird durch die gesellschaftliche, politische und mediale Darstellung allerdings vielmehr als potentielle Mehrheit wahrgenommen. Die „Mehrheitsgesellschaft" fürchtet, dass, wo der Staat keine Rechtshoheit hat, sich eine Privatjustiz entwickeln wird. Die Minderheit fürchtet dagegen, dass, wo das Volk das absolute Monopol auf die Gesetzgebung hat, sich früher oder später stets das Recht des Stärkeren über den Schwächeren durchsetzen wird und das letztlich auf diese Weise keine Garantie für Minderheitenrechte überhaupt besteht.
2. Es geht um ein Ringen zwischen Rechtstaatlichkeit und demokratischen Volksentscheiden. Rechtstaatlichkeit, welche grundsätzlich Rechtsgleichheit vorsieht und demokratische Volksentscheide, die, wie z.B. die Anti-Minarett-Initiative in der Schweiz, die Sonderrechte für Minderheiten einführen, stehen in einem Spannungsfeld.
3. Es geht um ein Ringen zwischen Gleichheit und Differenz, neutral formuliert oder zwischen Ausgrenzung und Vereinnahmung bzw. Integration und Assimilation. Soll „Gleichheit" zur Norm deklariert werden, und Differenz nur die Ausnahme bilden? Oder umgekehrt? Ist dies eine grundsätzliche Frage oder eine die sich je nach konkretem Thema anders ergibt?
4. Es geht um ein Ringen zwischen unterschiedlich verorteten Freiheiten und ihrer Bewertung. Je nachdem werden religiös und durch ein kollektives Verständnis begründete Verhaltensweisen stärker oder schwächer bewertet. Die säkulare Umwelt neigt etwa dazu individuell und nicht religiös begründete Verhaltens-

weisen den Vorzug zu geben und sie für legitimer und glaubwürdiger zu halten, wogegen Minderheiten oft stärker auf den Wert des Kollektivs verweisen. Es geht also letztlich um das Verhältnis um individuelle Freiheit und kollektiver Ordnung - eine klassische Güterabwägung.

5. Es geht um ein Ringen um Antworten auf Fragen wie: Welche Verhaltensweisen und Anschauungen sind normativ und bis zu welchem Grad? Wie groß ist das Gestaltungspotential in einem gesellschaftlichen System? Was ist dynamisch, plural, amorph? Und was ist unverhandelbar, unveränderbar und im wahrsten Sinne „in Stein gemeißelt"? Diesen Fragen müssen sich alle beteiligten Kräfte in der Gesellschaft stellen.

6. Das Ringen um die Akzeptanz der Tatsache, dass Recht und Gerechtigkeit nicht identisch sind und dass keine Rechtspraxis zu hundert Prozent kohärent und widerspruchsfrei ist.

7. Innerislamisch gesehen geht es um ein Ringen zwischen *Iǧmā'* und *Iǧtihād*,[1] also zwischen einer konservativen oder progressiven Haltung zu Rechtsfragen unter den neuen, gegebenen Umständen. Wie sehr können „neue" Umstände in alte hineingepasst werden, so dass auf alte Konzepte zurückgegriffen werden kann? Und wie „neu" sind die neuen Umstände, die „neue", verstandesmäßige und pragmatische Ansätze der islamischen Rechtsfindung ermöglichen würden, ohne dass der Kerngehalt der islamischen Identität dabei tangiert würde?

8. Die Auseinandersetzung ist immer auch ein Ringen um Sprache; genauer um die Definitions- und Deutungshoheit über Schlüsselbegriffe, wie „Religion" und damit auch „Religionsfreiheit". Dabei geht es auch um die Spannung zwischen Selbstdefinition und Fremdzuschreibung, welche gleichermaßen von beiden Seiten vorgenommen wird.

9. Es geht zudem auch um ein Ringen um die Frage: Wie viel und was für einen Einfluss darf und soll Religion per se in der Gesellschaft haben? Und wie verhält sich dies in Bezug auf bestimmte Religionssysteme oder Religionsgemeinschaften? Dabei muss auch geklärt werden, von welchem Religionsbegriff aus gedacht und miteinander „gestritten" wird.

10. Bei der Diskussion geht es zudem auch um die Frage nach lokaler, regionaler und nationaler Identität versus globalem Fokus und Globalisierungsprozessen in der Gesellschaft. Kleinräumiges und globales Denken und Fühlen stehen hier oftmals im Widerstreit, durchaus auch in widersprüchlicher Weise. So wird mit dem Argument einer regionalen Identität (z.B. Alpenraum) zwar die Assimilation eingefordert, gleichzeitig als Negativ-Referenz aber auf Zustände und Verhältnisse in Nordafrika und Vorderasien verwiesen.

---

[1] *Iǧmā'*: definiert als Konsens der anerkannten, relevanten muslimischen Rechtsgelehrten und Autoritäten, was die Interpretation einer Regelung in Koran und Sunna betrifft; bildet in der klassischen Theorie die dritte Quelle des islamischen Rechts nach Koran und Sunna; verbunden mit der Betonung der Fortdauer und Verbindlichkeit einmal gefundener Konsensentscheidungen (*taqlīd*). *Iǧtihād*: wörtlich „sich selbst bemühen"; Prinzip des individuellen Vernunftgebrauchs, der eigenständigen Neuinterpretation (Anm.d.Hg.).

11. Last but not least geht es in der Diskussion ganz deutlich um Identität, um den Nations- und Heimatbegriff, um „Heimatverlust" und „Heimatmüdigkeit". Ein Ringen, das nach einem Entweder-Oder verlangt und einen „Sieger" und einen „Verlierer" hervorbringt, ist in einer Gesellschaft, die in mehreren Generationen vielfache Migrationshintergründe, groß- und kleinräumig aufweisen, zunehmend absurd. Multiple und hybride Identitäten und Zugehörigkeiten sind schon heute in einem multikulturellen Europa mehr Norm als Ausnahme. Dies wird sich auch zunehmend in der multiethnischen und multireligiösen Zusammensetzung europäischer Parlamente abzeichnen.[2]

Das Ringen auf all diesen Ebenen ist ein normaler Prozess. Wie wir gehört haben, existiert die Diskussion um Religionsfreiheit seit der Antike. Europa ist nicht allein mit seiner Geschichte von multikulturellen Gesellschaften und die damit verbundenen Herausforderungen. Es ist keine Ausnahmeerscheinung, sondern eher die Regel. Deshalb plädiere ich für eine Entkrampfung der Debatte und dafür, die teils alarmiert wirkende Stimmung zu beruhigen und die sachlichen Auseinandersetzungen beherzt und konstruktiv anzugehen.

---

[2] Zum Zeitpunkt der schriftlichen Abfassung dieses Textes (30. Juni 2013) sind zudem seit 2011 in Schottland und Norwegen ein muslimischer Minister und eine muslimische Ministerin ins nationale Amt gewählt worden.

Verzeichnis der Autorinnen und Autoren

Prof. Dr. Dr. Manfred Brocker: Lehrstuhl für Politikwissenschaft (Politische Theorie und Philosophie), Geschichts- und Gesellschaftswissenschaftliche Fakultät, Katholische Universität Eichstätt/Ingolstadt. Vizepräsident für Forschung und wiss. Nachwuchs an der KU Eichstätt-Ingolstadt (2012-2014). Mitherausgeber der „Zeitschrift für Politik". Mitbegründer und Vorstandsmitglied des Bayerischen Zentrums für Politische Theorie und des Bayerischen Promotionskollegs Politische Theorie.

PD Mag. Dr. Ernst Fürlinger: Leiter des Zentrums Religion und Globalisierung, Department Migration und Globalisierung, Donau-Universität Krems. Dozent am Institut für Religionswissenschaft, Katholisch-Theologische Fakultät der Universität Wien.

Mag. Dr. Farid Hafez, MSc: wissenschaftlicher Mitarbeiter, Abteilung Politikwissenschaft, Kultur- und Gesellschaftswissenschaftliche Fakultät, Universität Salzburg. Herausgeber des „Jahrbuch für Islamophobieforschung".

Amira Hafner-Al Jabaji: Präsidentin, Interreligiöser Think-Tank (Schweiz). Moderatorin der Sendung „Sternstunde Religion", Schweizer Fernsehen SRF (seit 2015). 2011 Anna-Göldi-Preis für den Dialog der Religionen; 2016 Fischhof-Preis der GRA Stiftung gegen Rassismus und Antisemitismus und der GMS Gesellschaft Minderheiten in der Schweiz.

PD Dr. Elham Manea: Assoziierte Professorin am Institut für Politikwissenschaft der Universität Zürich. Mitglied im Vorstand des „Forum für einen fortschrittlichen Islam" (Schweiz); Lehrbeauftragte am Institut für Islamwissenschaft und Neuere Orientalische Philologie, Universität Bern.

em. Prof. Dr. Richard Potz: ehem. Vorstand des Instituts für Rechtsphilosophie, Religions- und Kulturrecht, Rechtswissenschaftlichen Fakultät, Universität Wien (2005-2015). Leiter des Universitätslehrgangs Kanonisches Recht für Juristen der Universität Wien.

em. Prof. Dr. Helmut Reinalter: Professor für Geschichte der Neuzeit, Institut für Geschichtswissenschaften und Europäische Ethnologie, Universität Innsbruck (1981-2009). Dekan der Philosophischen Klasse der Europäischen Akademie der Wissenschaften und Künste. Herausgeber der Zeitschrift für Internationale Freimaurerforschung und der Reihe „Innsbrucker Historische Studien".

Dr. **Kirsten Wiese**: Referentin bei der Senatorin für Finanzen, Landesverwaltung Bremen; Mitglied im Bundesvorstand der Humanistischen Union (Deutschland) und im Berliner Arbeitskreis Rechtswirklichkeit e.V.

FSC
www.fsc.org

MIX

Papier | Fördert
gute Waldnutzung

FSC® C083411

Zeitfracht Medien GmbH
Ferdinand-Jühlke-Straße 7
99095 Erfurt, Deutschland
produktsicherheit@kolibri360.de